Die vhs Volkshochschulen
KURS BUCH

Petra Fricke

Lieber leichter

Genießen ohne zuzunehmen

Ernst Klett Verlag
Stuttgart Düsseldorf Leipzig

»Lieber leichter«
Genießen ohne zuzunehmen
Kursbuch

Petra Fricke

Bildnachweis:
Photoillustration: Frank Kunert (Frankfurt/Main), S. 7, 17, 27, 41, 53, 69, 81, 97, 107, 119;
Titel: BAVARIA, Carl Warner (Gauting)

PICTURE PRESS LIFE/CORBIS, Nathan (Hamburg), S. 98;
Fa. Gastrolux (Wiesbaden), S. 74;
Fa. SECA (Hamburg), S. 12;
IDM (Bonn), S. 43, 49;
Klumpp (Freudenstadt), S. 22, 23, 25, 42, 45, 48, 51, 55;
Peter (Leipzig), S. 13, 26, 105, 106;
STOCKFOOD, Bischof (München), S. 73, 86, 88; Bohle, S. 103; Brauner, S. 60, 93, 123; Caggiano Photography, S. 65; Cimbal, S. 89, 104, 116; DeSanto, S. 76; Eising, S. 35; Ellert, S. 44; Johansen, S. 96; Köb, S. 89; Marcialis, S. 39; Maximilian Stock LTD, S. 50, 80, 88; Meisen, S. 82; Meuth, S. 19; Prop-Light Service GmbH, S. 91; Rosenfeld Images, S. 33, 89; Rosenfeld/Maximilian, S. 34; S.&P. Eising, S. 5, 15, 29, 40, 52, 56, 77, 78, 88, 89, 122, 123; Scherer, S. 62, 63, 66; Schieren, S. 37, 88; Schwager, S. 121; Skipper FoodStyling, S. 31; Studio Eising, S. 20; Susie Eising, S. 79; Urban, S. 116;
STONE, Madison (München), S. 114; Polillio, S. 100; Resnick, S. 109;
STOCK MARKET, Henley (Düsseldorf), S. 110; Kaufmann, S. 112; R.B. Studio, S. 111; Savage, S. 115; Schäfer, S. 113 links;
THE IMAGE BANK, Gordon (München), S. 113 rechts;
Thunig (Winterbach), S. 125;
WDV (Bad Homburg), S. 108

Gedruckt auf Papier, das
aus chlorfrei gebleichtem
Zellstoff hergestellt wurde.

1. Auflage A 1 5 4 3 2 1 | 2004 2003 2002 2001

Internetadresse: http://www.klett-verlag.de

Redaktion: Manfred Ott, Friedhelm Lampe
Mitarbeit: Redaktionsbüro Dr. Becker, Beckum
Layout, Umschlaggestaltung: Steffi und Katja Kassler
Druck: Messedruck Leipzig GmbH
Printed in Germany

ISBN 3-12-939903-8

Entree: Hungern verboten – Genießen erlaubt

Der Beginn eines leichtgewichtigen Menüs

Im klassischen französischen Menü soll das Entree – die Vorspeise – den allerersten Appetit stillen und Lust machen auf das, was danach kommt. So auch hier. Serviert werden zehn Gänge, sprich Kapitel, in denen Sie alle Lebensmittelgruppen in unterschiedlichster Zubereitung genießen können. Zur Abrundung gibt es Buchtipps und Adressen für alle, die noch immer nicht »satt« sind.

Dies ist kein neues Diätbuch. Sie werden nicht zehn Kilo in zehn Tagen verlieren, wenn Sie dieses Buch lesen. Ein solches Versprechen wäre unseriös. Vielmehr erhalten Sie zahlreiche praktische Anregungen, Rezepte und Tipps rund um einen leichten, d. h. fettbewussten, genussvollen Koch- und Essalltag einerseits und für einen Einstieg in ein bewegteres Leben andererseits. Diese unterstützen Sie dabei, Ihr Gewicht langfristig zu halten oder, wenn gewünscht, langsam und gesund abzunehmen. Ein bisschen leichtverdauliches Wissen über die Wirkung von Essen und Trinken auf Körper und Seele hilft, Zusammenhänge zu erkennen. Hinweise zum Einkauf erleichtern die Orientierung im Lebensmittelmarkt. Denkanstöße zum »Wie« des Essens verschaffen dem Aspekt des Genießens seinen unverzichtbaren Stellenwert.

»Hungern verboten!« ist das einzige Verbot, das Sie in diesem Buch finden werden. Denn: Ein knurrender Magen und strenge Selbstkontrolle führen langfristig garantiert nicht zum Ziel, heißt es nun Gewichthalten oder Abnehmen, denn so ist der »Rückfall« programmiert. Jahrelang wurde allen eingebläut, nur mit Verzichten und Darben wäre das Gewicht »in den Griff« zu bekommen – Genießen der sichere Ruin jeder Figur. Sie, die Sie möglicherweise schon diverse Hungerkuren hinter sich haben, wissen es besser. Vertrauen Sie Ihrem gesunden Menschenverstand und lassen Sie sich das Genießen nicht vermiesen. Denn wie singt Konstantin Wecker so passend: »Wer nicht genießt, ist ungenießbar!«

Was für das Essen ganz allgemein richtig ist, gilt auch für dieses Buch: Genießen Sie langsam, Biss für Biss, nicht alles auf einmal und nur das, was Ihnen schmeckt!

Die Köchinnen: Petra Fricke ist Chefköchin des Buches und hat die Zutaten aufbereitet. Mitgekocht haben Christina Niemann und Silke Schwartau. Astrid Büscher hat viele der Rezepte erfunden und getestet. Andreas Brannasch hat ein Kapitel Bewegung in das Buch gebracht.

Guten Appetit!

Hinweise zu den Rezepten

Die Rezepte in diesem Buch sind, wenn nicht anders angegeben, für vier Portionen berechnet. Sie orientieren sich an den Regeln einer gesunden Ernährung und sind für die ganze Familie geeignet. Wenn Kinder mitessen, sollten allerdings alkoholische Zutaten weggelassen oder ausgetauscht werden.
Ist Ihre Familie kleiner oder leben Sie als Single? Dann können viele der Rezepte in halbierter Form zubereitet werden oder übrige Portionen in der Tiefkühlung bevorratet werden.
In den Rezepten auftauchende Abkürzungen bedeuten:

TL	Teelöffel, Kaffeelöffel
EL	Esslöffel
Br	Briefchen
ML	Messlöffel
St	Stückchen
Bd	Bund
Pr	Prise
ml	Milliliter
l	Liter
g	Gramm
kg	Kilogramm
Msp	Messerspitze

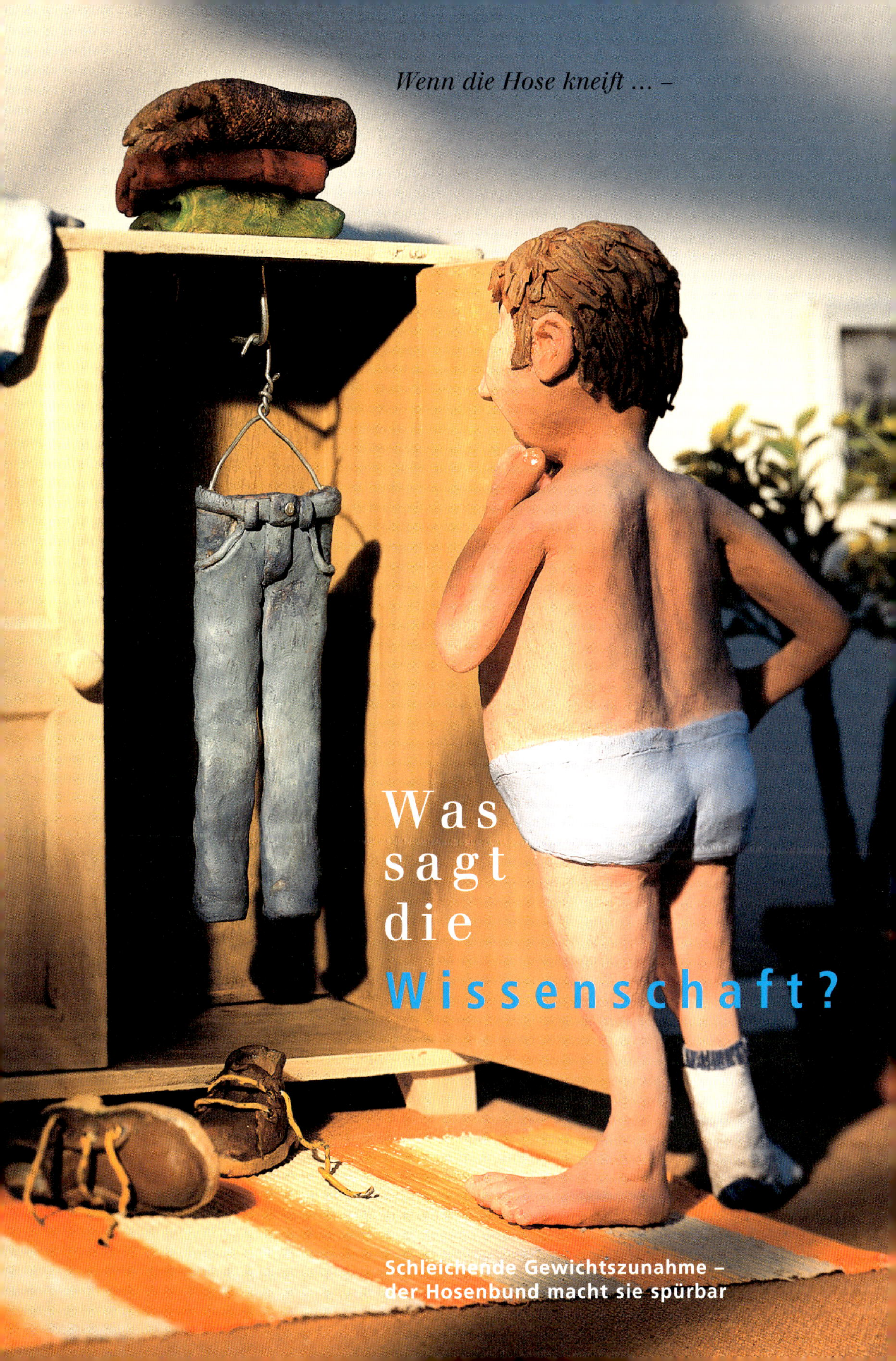

Wenn die Hose kneift ... –

Was sagt die Wissenschaft?

Schleichende Gewichtszunahme – der Hosenbund macht sie spürbar

Was für ein Esstyp bin ich?

Genussvolles Essen gehört für mich einfach dazu.
trifft zu   trifft nicht zu

Zum Essen nehme ich mir immer Zeit.
trifft zu   trifft nicht zu

Ein schlechtes Essen im Restaurant lasse ich einfach zurückgehen.
trifft zu   trifft nicht zu

Ich probiere gern neue Rezepte aus.
trifft zu   trifft nicht zu

Einkaufen und Kochen sind mir eigentlich lästig.
trifft zu   trifft nicht zu

Ich verwende oft Fertigprodukte, weil es so praktisch ist und aus Zeitgründen.
trifft zu   trifft nicht zu

Ich esse häufig nebenbei.
trifft zu   trifft nicht zu

Beim Essen kann ich oft nicht aufhören, obwohl ich eigentlich schon satt bin.
trifft zu   trifft nicht zu

Ich habe oft Heißhungergefühle, vor allem auf Süßes.
trifft zu   trifft nicht zu

Kartoffeln, Nudeln und Reis esse ich eher wenig, weil Sie meiner Ansicht nach dick machen.
trifft zu   trifft nicht zu

Häufig esse ich, obwohl ich gar keinen Hunger habe, z. B. aus Langeweile oder Kummer.
trifft zu   trifft nicht zu

Ich esse oft den Tag über wenig, um Kalorien zu sparen, habe aber dann abends noch Hunger.
trifft zu   trifft nicht zu

Wenn ich ein paar Pfunde zu viel feststelle, streiche ich sofort und konsequent alle »Dickmacher«.
trifft zu   trifft nicht zu

Ich esse manchmal sehr schnell ohne zu genießen.
trifft zu   trifft nicht zu

Ein Stück Kuchen aus der Bäckerei könnte ich einfach so »im Gehen« schnell aufessen.
trifft zu   trifft nicht zu

Beim Einkaufen und Kochen achte ich auf wenig Fett.
trifft zu   trifft nicht zu

Ich esse fast täglich frisches Obst.
trifft zu   trifft nicht zu

Frisches Gemüse esse ich täglich.
trifft zu   trifft nicht zu

Essen ohne Fleisch macht mich nicht zufrieden.
trifft zu   trifft nicht zu

Fisch esse ich wöchentlich mindestens einmal.
trifft zu   trifft nicht zu

Ich lebe überwiegend vegetarisch.
trifft zu   trifft nicht zu

Süßigkeiten sind meine große Sünde.
trifft zu   trifft nicht zu

Ich trinke oft zu wenig.
trifft zu   trifft nicht zu

Aus Gewichtsgründen esse ich Margarine statt Butter.
trifft zu   trifft nicht zu

Milch- und Milchprodukte esse ich regelmäßig.
trifft zu   trifft nicht zu

Ich habe schon mehr als eine Schlankheitsdiät gemacht.
trifft zu   trifft nicht zu

Mein Gewicht kontrolliere ich durch häufiges Wiegen.
trifft zu   trifft nicht zu

Vieles, was mir schmeckt, esse ich nicht, um nicht dick zu werden.
trifft zu   trifft nicht zu

Wenn ich einmal richtig »zugeschlagen« habe, z.B. bei einem Fest, esse ich die nächsten Tage einfach etwas weniger.
trifft zu   trifft nicht zu

Alkohol trinke ich …
selten   fast täglich

Auswertung

Zählen Sie zusammen, wie viele Punkte Sie von jeder Farbe haben. Erreichbar sind in jeder Farbe maximal 12 Punkte. Bei jeder Farbe bekommen Sie Hinweise für niedrige und hohe Punktezahlen. Graue Punkte sind für die Auswertung ohne Bedeutung.

■ .... Punkte
■ .... Punkte
■ .... Punkte
■ .... Punkte

■ »Der Genuss-Typ«
Je mehr Punkte Sie haben, desto wichtiger ist Ihnen der Genussaspekt beim Essen. Die Freude am guten Essen lassen Sie sich nicht nehmen. Kämpfen Sie dennoch oder gerade deshalb ständig mit Ihrem Gewicht, dann lassen Sie Ihre Experimentierfreude spielen und probieren Sie neue Speisen mit viel frischem Gemüse und wenig Fleisch und Fett, z. B. aus der asiatischen Küche. Konzentrieren Sie sich bewusst auf die Sättigungssignale Ihres Körpers und gewöhnen Sie sich daran, wirklich aufzuhören, wenn Sie satt sind. Regelmäßige Bewegung und sportliche Betätigung sind ein hilfreicher Ausgleich für alle Genussmenschen.
Sie haben nur wenige rote Punkte? Dann ist genussvolles Essen für Sie nicht so wichtig. Essen ist für Sie möglicherweise nur eine mehr oder weniger lästige Nebensache. Damit verschenken Sie eine Möglichkeit zu mehr Esskultur und Lebensfreude. Ihre Genussfähigkeit zu entwickeln, könnte eine Aufgabe sein. Sich Zeit zu nehmen für das Ausprobieren und langsame Genießen liebevoll zubereiteter Speisen aus hochwertigen Zutaten in geselliger Runde könnte ein erster Schritt sein.

■ »Der Gesundheitstyp«
Grüne Punkte stehen für eine gesunde Lebensmittelauswahl, die wünschenswert ist, um den Körper mit allen wichtigen Nährstoffen zu versorgen. Je mehr Punkte Sie hier erreicht haben, desto besser ist Ihr Ernährungszustand. Eine gute Basis für Fitness und Gewichtsstabilität. Haben Sie hier wenige Punkte, besteht Verbesserungsbedarf. Einseitige, unausgewogene Lebensmittelauswahl ist häufig die Ursache für mangelnde Leistungsfähigkeit und Heißhungergefühle. Abnehmen oder Gewichthalten ist mit einer nährstoffarmen Lebensmittelauswahl unnötig schwer.

■ »Der nachlässige Ess-Typ«
Je mehr Punkte Sie haben, desto nachlässiger gingen Sie bisher mit dem Essen um. Einseitige Lebensmittelauswahl und ungünstiges Essverhalten sind bei Ihnen ausgeprägt und wahrscheinlich eine Ursache für mögliche Gewichtsprobleme. Dieses Buch zu lesen und einen VHS-Kurs zum Thema zu besuchen, sind gute Schritte, sich intensiver mit Ihrer Essweise zu beschäftigen.
Wer hier wenig Punkte hat, hat wahrscheinlich viele rote oder grüne Punkte erreicht, Genuss bzw. gesunde Lebensmittelauswahl stehen im erfreulichen Vordergrund, nachlässiges Essen ist für Sie kein Thema.

■ »Der Diät-Typ«
Wer viele gelbe Punkte angekreuzt hat, bei dem ist das Essen und Trinken oft von schlechtem Gewissen und der Furcht vor Gewichtszunahme begleitet. Allzu strenge selbst auferlegte Essverbote trüben die Freude am Essen und sind dauerhaft nicht durchzuhalten. Ein schlechtes Gewissen ist ein destruktiver Ratgeber. Es auszuhalten und ständige, strenge Esskontrolle verschwenden viel psychische Energie und bringen nichts. Besser: Gelassener werden und die frei werdende Energie darauf richten, abwechslungsreicher, gesünder und regelmäßig zu essen, Genussfähigkeit zu üben und sich mit anderen erfreulichen Dingen wie Hobbys und Sport zu beschäftigen.
Einige wenige gelbe Punkte sind normal.

Kombi-Typen

▶ Jeder Mensch ist mehr oder weniger ein »Kombi-Typ« mit verschiedenem Schwerpunkt. Deshalb lesen Sie ruhig alle Auswertungen, auch wenn Sie in der jeweiligen Farbe nur wenige Punkte haben.

Abnehmen oder nicht abnehmen?

Es geht um das Wohlbefinden

Ob man sich mit seinem Körper und seinem Gewicht wohl fühlt oder nicht, sollte das entscheidende Kriterium für die Beantwortung dieser Frage sein. Allerdings: Der Zeitgeist in Sachen erstrebenswerter Figur ist wandelbar, Schönheitsnormen sind abhängig vom kulturellen und sozialen Hintergrund. So gelten in Mangelgesellschaften üppigere Formen als Zeichen von Wohlstand, der volle Busen, ein runder Po und breite Hüften einer Frau signalisieren Fruchtbarkeit und die erforderliche Kraft für ein arbeitsames Leben. Auch in der westeuropäischen Kultur ist es noch nicht allzu lange her, dass runde frauliche Formen als schön und sexy angesehen wurden – bekanntes Beispiel: Marilyn Monroe.

Heutzutage setzen untergewichtige Models wie die superdürre Kate Moss den Schönheitsstandard. Überall strahlen sie einem entgegen: die allesamt jungen, dynamischen, fröhlichen, manchmal auch »supercoolen«, immer schlanken und großen Models in Werbung und Zeitschriften. Sich dem zu entziehen und sich mit ein paar Kilos mehr dennoch wohl zu fühlen, ist manchmal schwer und gelingt am besten in ansonsten ausgefüllten Lebensphasen, in denen in Sachen Partnerschaft und Familie, Beruf und Hobbys alles im Lot ist. Kriselt es dort, müssen gerade bei Frauen häufig Figur und Gewicht als vermeintlicher »Buhmann« herhalten, den es zu verändern gilt. Männer sahen das bisher meist gelassener, denn ihr »Wert« definiert sich weniger über Äußeres als über Erfolg, Macht und Geld. Allerdings wird es auch ihnen immer wichtiger, eine »gute Figur« zu machen.
Die Statur eines Menschen ist in gewissen Grenzen genetisch festgelegt, genauso wie die Körpergröße oder die Augenfarbe. Gewichtsschwankungen von etwa zwei Kilo nach oben oder unten sind normal. Steigt das Gewicht jedoch langsam, aber kontinuierlich an, ist es Zeit, nach den Ursachen zu suchen und gegenzusteuern. Die häufigsten Ursachen sind Bewegungsmangel und eine zu fettreiche Essweise.

Gewichtige Fakten

Kaum jemand passt mit 40 noch in die selbe Kleidergröße wie mit 20 Jahren. »Ich esse genau wie früher, werde aber trotzdem immer dicker!« Biologische Prozesse sind der Grund für die schleichende Gewichtszunahme. Was vielen nicht klar ist: Mit zunehmendem Alter sinkt der Energiebedarf. Mit 15–25 Jahren hat der Mensch den höchsten Kalorienverbrauch. Ab 30 geht's stetig abwärts.
Stoffwechselprozesse verlangsamen sich, die Muskelmasse und damit der Grundumsatz sinken. Eine weitere mögliche Ursache sind veränderte Lebensumstände. Wurde der jahrelang ausgeübte Sport nach einem Unfall oder berufsbedingt aufgegeben? Wurde es nach einem Umzug notwendig, fast alle Wege mit dem Auto anstatt wie früher mit dem Rad zu erledigen? In jedem Fall gilt: Wer mit den Jahren nicht zunehmen will, darf auf keinen Fall die gleichen Mengen essen »wie früher«.

Wie viele Kalorien zum Gewichthalten am Tag...

Alter	Männer	Frauen
15 bis 19	3000	2400
19 bis 25	2600	2200
25 bis 51	2400	2000
51 bis 65	2200	1800
über 65	1900	1700

... und wieviel Fett (in Gramm)?

Alter	Männer	Frauen
15 bis 19	100	80
19 bis 25	87	73
25 bis 51	80	67
51 bis 65	73	60
über 65	63	57

Die in den Tabellen angegebenen Werte sind Durchschnittswerte, die im Einzelfall erheblich höher oder niedriger liegen können. Wer viel Sport treibt oder körperlich arbeitet, z. B. als Handwerker, verträgt mehr. Wer schon viele Diäten oder Fastenkuren gemacht hat, liegt sicher darunter.

Der Body-Mass-Index

Zur medizinischen, d.h. gesundheitlichen Beurteilung des Gewichts hat sich in seriösen Kreisen das Schema des Body-Mass-Index (BMI) durchgesetzt. Abhängig von der Körpergröße werden Gewichtsspannen angegeben, die Raum lassen für die individuelle Statur jedes Einzelnen und auch für sehr große und sehr kleine Menschen verlässliche Aussagen liefern. So wird er berechnet: Körpergewicht in Kilo geteilt durch Körpergröße in Meter im Quadrat. Eine 1,70 m große Frau, die 65 kg wiegt, hat einen BMI von 22,5 ($65:1{,}70^2 = 22{,}5$).

Finden Sie Ihren BMI

Gewicht in kg — *Größe in Meter*

	1,52	1,54	1,56	1,58	1,60	1,62	1,64	1,66	1,68	1,70	1,72	1,74	1,76	1,78	1,80	1,82	1,84	1,86	1,88	1,90	1,92	1,94
100	43	42	41	40	39	38	37	36	35	35	34	33	32	32	31	30	30	29	28	28	27	27
98	42	41	40	39	38	37	36	36	35	34	33	32	32	31	30	30	29	28	28	27	27	26
96	42	40	39	38	38	37	36	35	34	33	32	32	31	30	30	29	28	28	27	27	26	26
94	41	40	39	38	37	36	35	34	33	33	32	31	30	30	29	28	28	27	27	26	25	25
92	40	39	38	37	36	35	34	33	33	32	31	30	30	29	28	28	27	27	26	25	25	24
90	39	38	37	36	35	34	33	33	32	31	30	30	29	28	28	27	27	26	25	25	24	24
88	38	37	36	35	34	34	33	32	31	30	30	29	28	28	27	27	26	25	25	24	24	23
86	37	36	35	34	34	33	32	31	30	30	29	28	28	27	27	26	25	25	24	24	23	23
84	36	35	35	34	33	32	31	30	30	29	28	28	27	27	26	25	25	24	24	23	23	22
82	35	35	34	33	32	31	30	30	29	28	28	27	26	26	25	25	24	24	23	23	22	22
80	35	34	33	32	31	30	30	29	28	28	27	26	26	25	25	24	24	23	23	22	22	21
78	34	33	32	31	30	30	29	28	28	27	26	26	25	25	24	24	23	23	22	22	21	21
76	33	32	31	30	30	29	28	28	27	26	26	25	25	24	23	23	22	22	22	21	21	20
74	32	31	30	30	29	28	28	27	26	26	25	24	24	23	23	22	22	21	21	20	20	20
72	31	30	30	29	28	27	27	26	26	25	24	24	23	23	22	22	21	21	20	20	20	19
70	30	30	29	28	27	27	26	25	25	24	24	23	23	22	22	21	21	20	20	19	19	19
68	29	29	28	27	27	26	25	25	24	24	23	22	22	21	21	21	20	20	19	19	18	18
66	29	28	27	26	26	25	25	24	23	23	22	22	21	21	20	20	19	19	19	18	18	18
64	28	27	26	26	25	24	24	23	23	22	22	21	21	20	20	19	19	18	18	18	17	17
62	27	26	25	25	24	24	23	22	22	21	21	20	20	20	19	19	18	18	18	17	17	16
60	26	25	25	24	23	23	22	22	21	21	20	20	19	19	19	18	18	17	17	17	16	16
58	25	24	24	23	23	22	22	21	21	20	20	19	19	18	18	18	17	17	16	16	16	15
56	24	24	23	22	22	21	21	20	20	19	19	18	18	10	17	17	17	16	16	16	15	15
54	23	23	22	22	21	21	20	20	19	19	18	18	17	17	17	16	16	16	15	15	15	14
52	23	22	21	21	20	20	19	19	18	18	18	17	17	16	16	16	15	15	15	14	14	14
50	22	21	21	20	20	19	19	18	18	17	17	17	16	16	15	15	15	14	14	14	14	13

BMI unter 19 Sie sind untergewichtig. Zunehmen ist sinnvoll.

BMI 19–24,9 Sie sind normalgewichtig. Aus gesundheitlicher Sicht besteht kein Grund zum Abnehmen.

BMI 25–29,9 Sie haben leichtes Übergewicht. Gewichtsabnahme ist sinnvoll, wenn gleichzeitig Rückenbeschwerden, erhöhter Cholesterin- oder Harnsäurespiegel, Bluthochdruck oder Diabetes vorliegen.

BMI ab 30 Sie sind übergewichtig. Abnehmen ist aus gesundheitlichen Gründen anzuraten.

Bitte vergessen: Idealgewicht!

- Das sogenannte Idealgewicht, Körpergröße in Zentimetern minus 100, minus 10 % für Männer und 15 % für Frauen, setzt ein zweifelhaftes Ideal, das medizinisch nicht zu begründen ist, von den wenigsten erreicht wird und Essprobleme fördern kann.

Ziel: »Wohlfühlgewicht«

- Wichtiger als alle Tabellen und Zahlen ist die eigene Einschätzung, das »Wohlfühlgewicht.« Sie haben es, wenn Sie Freude am Essen und Trinken haben und sich beim Blick in den Spiegel – nicht auf die Waage – leiden mögen.

Zweifelhafte Genauigkeit

Ein Wort zum Wiegen

Personenwaagen können mancher Schlankheitsbewussten ganz schön die Laune verderben. Ein Pfund mehr oder weniger am Morgen bestimmen über Zufriedenheit oder Unmut. Wenn die später konsultierte Waage der Freundin sogar noch mehr ausschlägt als erwartet, ist der Tag vollends »gelaufen«.

Sein Gewicht ein bisschen im Blick zu haben ist sicher nicht verkehrt. Durch tägliches Wiegen macht man sich jedoch nur verrückt. Wichtig zu wissen ist: Gewichtsschwankungen von ein bis zwei Kilo nach oben oder unten sind normal und kein Anlass zur Panik. So steigt beispielsweise bei Frauen zyklusbedingt das Gewicht vor der Periode an. Durch die veränderte Hormonlage wird Wasser eingelagert, das nach der Regelblutung aber von selbst wieder verschwindet. Es ist ausreichend, sich höchstens einmal pro Woche zu wiegen, immer am gleichen Tag und zur gleichen Tageszeit. Herstellungsbedingt und durch verschiedene Standflächen zeigen im Handel erhältliche Personenwaagen bis zu ein Kilo mehr oder weniger Gewicht an. Dies gilt genauso für die so supergenau scheinenden Digitalwaagen. Einfache, preiswerte oder sehr alte Waagen können noch ungenauer sein. Nur für medizinische Zwecke ausgelegte Waagen sind geeicht und wiegen wirklich richtig. Deshalb brauchen Sie Ihre Waage aber nicht gleich wegzuwerfen. Denn Gewichtsschwankungen können auch dann abgelesen werden, wenn die Waage etwas ungenau wiegt. Hauptsache ist, dass Sie sich immer auf der selben Waage wiegen.

Fettanteilwaagen und -messgeräte

Nicht nur das absolute Gewicht, sondern auch der Anteil des Fettgewebes im Verhältnis zum Muskel- und Knochengewebe sind für die Gesundheit, den so genannten »Ernährungsstatus« und für das Aussehen interessant. Fasten, einseitige Blitz-Diäten und zu wenig Bewegung lassen ungünstigerweise mehr die Muskeln als die Fettpolster schrumpfen. Fettanteilwaagen oder -messgeräte ermitteln, ob die Körperfettmenge im Normalbereich liegt. Durch die Bio-Impedanz-Analyse mit Niedrigstrom wird der Wassergehalt des Körpers ermittelt und daraus der Fettanteil errechnet. Handelsübliche, bezahlbare Geräte messen aber sehr ungenau und sind daher eher eine Spielerei für Technikfreaks. Sparen Sie das Geld lieber für ein gutes Fahrrad oder eine ABO-Karte im Fitness-Studio …

Nicht öfter als einmal wöchentlich benutzen

Sechs Wiegeregeln

▶ So wiegen Sie sich richtig:
1. am gleichen Wochentag
2. ungefähr zur gleichen Uhrzeit
3. auf derselben Waage
4. am selben Ort
5. entkleidet oder in Unterwäsche
6. höchstens einmal wöchentlich!

Selbstbeobachtung mit den sechs »W's«

▶ Genaue Erkenntnis über das eigene Ernährungsverhalten bekommen Sie durch das Führen eines Ernährungstagebuchs. Schreiben Sie eine Woche lang alles auf, was sie essen. Was? Wie viel? Wann? Wo? Warum? Wie? Ungünstige und positive Essmuster werden dabei aufgedeckt. Esse ich häufig nebenbei, immer spätabends, esse ich täglich frisches Gemüse, trinke ich genug usw., nasche ich wirklich so häufig usw.?

Wer es ganz genau wissen will, errechnet die verzehrten Kalorien und Fettmengen mithilfe einer guten Nährwerttabelle, z. B. »Kalorien mundgerecht« (Umschau-Verlag).

Alles Vererbung?

Manche Menschen können essen und essen und werden nicht dick. Andere machen eine Diät nach der anderen und werden trotzdem nicht schlank. Wie kommt das? Eine allgemeingültige Erklärung gibt es bisher nicht, aber viele Erklärungsversuche, die vermutlich alle zusammen eine Rolle spielen.

Die Energiebilanz

Danach wird jeder, der mehr Kalorien isst als der Körper verbraucht, dicker. Ausgeglichen ist die Energiebilanz, wenn das Körpergewicht konstant bleibt. Der Energieverbrauch hängt von mehreren Faktoren ab: Körpergröße und -zusammensetzung, d.h. Anteil Fett- bzw. Muskelgewebe, Bewegung, Alter und Geschlecht. Neuere Erkenntnisse zeigen, dass nicht allein die zugeführten Kalorien für das Gewicht verantwortlich sind, sondern die Art der zugeführten Nährstoffe. Viele Fettkalorien machen offenbar eher dick als viele Kohlenhydratkalorien.

Der Setpoint

Nach dieser Theorie hat jeder Mensch ein biologisch bestimmtes Gewicht, auf das er sich immer wieder »einpendelt«, nach einer Diät nach oben, nach üppigen Zeiten aber auch wieder nach unten.

Jo-Jo-Effekt

Beim Fasten, bei Blitzdiäten und strengen Hungerkuren wird zunächst schnell abgenommen, da der Körper durch den Muskelabbau viel Wasser ausschwemmt. Doch schnell stellt sich der Organismus auf die niedrige Kalorienzufuhr ein und arbeitet dann auf Sparflamme, der Grundumsatz sinkt. Fühlbare Zeichen: Frieren und Unkonzentriertheit. Wird dann wieder normal gegessen, versucht der Körper, die durchlittene »Hungersnot« auszugleichen, füllt seine Reserven an Bauch, Hüfte und Po wieder auf, indem er jede aufgenommene Kalorie aufsaugt wie ein trockener Schwamm. Folge: Das abgehungerte Gewicht schnellt wieder hoch, eben wie ein Jo-Jo, oft sogar noch über das Ursprungsgewicht hinaus.

Süßer Trost – so wird Kummerspeck anerzogen

Dicke Eltern

Was jahrelang in Fachkreisen rigoros abgetan wurde, scheint doch zu stimmen: Die Veranlagung zum Übergewicht kann genetisch bedingt sein. Ebenso wahr ist, dass im Kindesalter gelernte Ernährungsgewohnheiten auch als Erwachsener beibehalten werden. In »rundlichen« Familien wird möglicherweise ungünstiges Ernährungsverhalten an die Kinder weitergegeben und sozusagen sozial »vererbt«.

Gute »Futterverwerter«

Nach landläufiger Meinung nutzen schlanke Menschen ihr »Futter« schlecht aus und können daher mehr essen als andere. Biologisch nicht zu belegen, steckt dennoch ein Fünkchen Wahrheit in dieser Erklärung: Der Energieverbrauch ist bei jedem Menschen unterschiedlich. Wer viel Energie verbraucht, kann mehr essen ohne dick zu werden. Wichtig ist hierbei der so genannte Grundumsatz, der Energieverbrauch des Körpers in Ruhe. Er sinkt durch Hunger- und Fastenkuren und steigt langfristig durch regelmäßige körperliche Anstrengungen.

Schwere Knochen

Etwa zwei bis drei Kilo beträgt der Unterschied zwischen einem leichten und einem schweren Knochenbau. Als Erklärung für das Übergewicht können die Knochen daher nur bedingt herhalten. Gewichtsunabhängig formt der Knochenbau allerdings die Figur kräftig mit.

Diäten und Wundermittel

Zehn Kilo abnehmen in zehn Tagen – ohne zu hungern? Schlank werden allein durch Elektromassage, Schwitzgürtel, Spezialcremes oder angeblich völlig neuartige Wundertees oder Kautabletten? Ständig erscheinen neue Diätbücher und einzigartige Wundermittel auf dem Markt. Blumige, fast immer irreführende Werbung und auf Sensationen gepolte Journalisten sorgen für die Verbreitung. Allzu gerne möchte man an Wunder glauben. Doch was ach so verführerisch klingt, entpuppt sich bei näherem Hinsehen und beim Ausprobieren als wenig hilfreich, nicht selten als gesundheitsschädlich. Schlank wird nur das Portemonnaie. Oder kennen Sie jemanden, der erfolgreich und vor allen Dingen auf Dauer mit einem derartigen Mittel oder einer neuartigen Diät abgenommen hat? Wahrscheinlich nicht. Nicht alle Diäten sind schlecht oder gar gesundheitsgefährdend. Allerdings: Zur regelmäßigen Gewichtskontrolle sind Diäten fatal, egal welcher Art. Das ungesunde Auf und Ab des Gewichts bringt den Stoffwechsel durcheinander – der perfekte Weg, langfristig immer dicker zu werden. Wer wirklich abnehmen muss, für den kann eine gute Diät ein hilfreicher Einstieg in ein gesünderes Essverhalten sein. Denn nur, wer anschließend weiter fettärmer und gesünder isst und sich ausreichend bewegt, kann das erreichte Gewicht halten.

Diäten im Trend

Auch Diäten unterliegen der Mode, ständig gibt es neue. Die nebenstehenden Kriterien helfen bei der Beurteilung. Eine Auswahl wird hier näher beleuchtet.

Fitforlife

In einem der umsatzstärksten Diätbücher der letzten Jahre haben die Autoren M. und H. Diamond eine neue Variante der Hay'schen Trennkost aus den 30er-Jahren präsentiert. Danach sollen u.a. kohlenhydrat- und eiweißhaltige Lebensmittel während einer Mahlzeit nicht zusammen gegessen werden. Vormittags ist ausschließlich Obst erlaubt. Die Ernährungsvorschriften sind kompliziert und entbehren jeder wissenschaftlichen Grundlage. Der propagierte Verzicht auf Milch und Milchprodukte kann zu Kalziummangel führen. Gefährlich ist die Empfehlung, destilliertes Wasser zu trinken. Auf Dauer nicht durchzuhalten.
Bewertung: nicht empfehlenswert.

Ayurveda-Diät

Sie basiert auf der 3500 Jahre alten indischen Heilslehre Ayurveda, die die Menschen in die verschiedenen Konstitutionstypen Kapha, Pitti und Vata einteilt. Je nach Konstitutionstyp werden verschiedene Lebensmittel empfohlen. Einbezogen wird die gesamte Lebensgestaltung mit dem Ziel des inneren Gleichgewichts, z. B. Yoga, Meditation, Einflüsse von Farben und Düften, Ölmassagen. Die Diät ist vollwertig, allerdings für naturwissenschaftlich orientierte Menschen schwer nachzuvollziehen.
Bewertung: ungefährlich, aber in unserem Kulturkreis auf Dauer schwer durchzuhalten.

Formula-Diäten

Pulvermischungen zum Anrühren zum Ersatz von üblichen Mahlzeiten mit gesetzlich geregelter Zusammensetzung. Eine neue Ernährungsweise wird nicht geübt.
Bewertung: nur für extrem Übergewichtige unter ärztlicher Aufsicht als Einstieg in eine neue Ess- und Lebensweise geeignet.

Eine gute Diät – das muss erfüllt sein:
Beispiele: Fitforfun, Pfundskur, Brigitte Diät

1. Die Lebensmittelauswahl ist vielseitig, fettarm und orientiert sich an der Ernährungspyramide. Stichwort: Energiereduzierte Mischkost. Nur so ist gewährleistet, dass der Körper alle wichtigen Nährstoffe erhält.
2. Die Gewichtsabnahme geht langsam, realistisch sind höchstens zwei bis vier Kilogramm im Monat.
3. Die Diät sättigt gut und nachhaltig.
4. Die Ernährungsweise ist in den Grundzügen auf Dauer akzeptabel und durchzuhalten.

Die Ernährungspyramide: Pflanzliche Lebensmittel bilden die Basis

Gesund essen mit der Ernährungspyramide

Die von der US-Gesundheitsbehörde entwickelte Pyramide zeigt auf einen Blick, wie gesunde Wohlfühl-Ernährung aussehen soll, die auch dem Gewicht hilft. Das Gute daran: Kompliziertes Rechnen und Kalorienzählen sind damit überflüssig.

Zum Sattessen

Brot, Kartoffeln, Nudeln, Reis, Müslis, Getreideprodukte und Hülsenfrüchte bilden die breite Basis der Pyramide. Ihre Stärke-Kohlenhydrate halten lange satt. Heißhunger, Leistungs- und Stimmungstiefs werden vermieden.

Nach Belieben

Frische Früchte, Gemüse, Salate und Kräuter sättigen auf leichte Art und selbst große Mengen machen nicht dick. Viele Vitamine und Mineralstoffe sowie gesundheitsfördernde sekundäre Pflanzenstoffe stärken das Immunsystem und schützen vor Krankheiten.

Zum Genießen

Fleisch, Fisch, Geflügel, Milch, Eier und Käse ergänzen in kleinen Mengen den Speiseplan. Für Fleischfans gilt: Nicht immer öfter, sondern öfter mal was Gutes. Das heißt: beim Einkauf auf Spitzenqualität achten und auf kleinere Portionen umsteigen. Ein bis zwei Portionen Seefisch wöchentlich versorgen den Körper mit lebenswichtigem Jod. Bei Milch und Milchprodukten auf einen niedrigen Fettgehalt achten. Wer auf Fleisch und Wurst verzichtet, darf bei Milch und Eiern einmal mehr zulangen.

Zum sparsamen Verfeinern

Fette, Öle und Süßigkeiten sind nicht verboten, aber mit Bedacht zu genießen. Ohne geht es nicht, doch allzuviel belastet Herz- und Kreislaufsystem und das Fettkalorienkonto. Allzuviel Zucker ist fitnessfeindlich, in kleinen Genießermengen und als Gewürz jedoch vertretbar.

Psychologische Tricks fürs Wohlfühlgewicht

- Essen Sie langsam und genussvoll. Vermeiden Sie Ablenkungen wie Fernsehen oder Lesen.
- Essen Sie nur, wenn sie wirklich Hunger haben. Hören Sie auf zu essen, wenn Sie satt sind.
- Ein schön gedeckter Tisch, auch im Alltag, erhöht den Essgenuss und die Zufriedenheit.
- Füllen Sie sich bewusst eher eine kleine Portion auf den Teller. Ist diese aufgegessen, ca. 15–20 Minuten warten und dann nachspüren, ob Sie wirklich noch hungrig sind. Wenn ja, darf noch einmal nachgenommen werden – wieder eine kleine Portion.
- Trinken Sie vor den Mahlzeiten ein Glas Wasser. So werden Sie früher satt. Ein kleiner Salat als Vorspeise hat den gleichen guten Effekt.
- Nehmen Sie Ihre Mahlzeiten im Sitzen ein. Essen Sie nicht im Stehen oder Gehen
- Genießen Sie nur, was Ihnen wirklich schmeckt.
- Gehen Sie nicht mit leerem Magen einkaufen, das verführt zu unkontrollierten Spontankäufen.
- Planen Sie Ihren Einkauf mithilfe eines Einkaufszettels und halten Sie sich konsequent daran.
- Lassen Sie keine Lebensmittel sichtbar herumstehen.
- Vermeiden Sie ungesunde Vorräte wie Süßigkeiten und Chips. Sie verführen zum unkontrollierten Naschen.
- Essen Sie fünf kleine statt zwei bis drei große Mahlzeiten am Tag. Der Magen ist beschäftigt und Heißhungergefühle werden vermieden. Essen Sie nicht aus Langeweile, überlegen Sie sich bessere Beschäftigungen.
- Nehmen Sie sich Zeit für die Zubereitung und den Genuss Ihrer Mahlzeiten. Stellen Sie fest, was Ihnen gut tut und verwöhnen Sie sich selbst – ohne schlechtes Gewissen.
- Meiden Sie einseitige und Blitz- und Extremdiäten und Fastenkuren. Die anschließende erneute und frustrierende Gewichtszunahme ist programmiert.
- Suchen Sie sich ein erfüllendes Hobby, das Ihnen Freude und Zufriedenheit gibt.
- Finden Sie Aktivitäten, um sich selbst zu verwöhnen, die mit Essen nichts zu tun haben. Welche kennen Sie?
- Ein großes Fest steht an, bei dem leckere Köstlichkeiten zum Mehressen verführen? Essen Sie schon einige Tage vorher etwas (!) weniger und legen Sie ein »Genusssparbuch« an. Das ist psychologisch hilfreicher als nachher weniger zu essen.
- Tischmusik gewünscht? Bevorzugen Sie ruhige, klassische Stücke. Diese verlangsamen unmerklich das Esstempo und machen zufriedener als hektische Popmusik.

Verzögerungstaktik

- Etwa 20 Minuten dauert es, bis das Gehirn Signale aus dem Körper registriert und meldet: Ich bin satt! Deshalb langsam essen und zwischendurch immer mal ein Ess-Päuschen machen. Wie geschaffen für ein Gespräch …

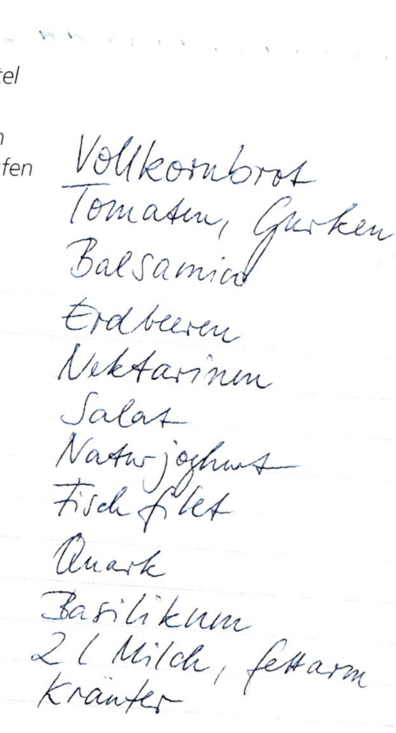

Einkaufen mit dem Einkaufszettel schützt vor ungesunden Spontankäufen

Genuss leicht(er) gemacht –

Fette & Öle sparen

Deutlich weniger – aber nur das Beste davon ist gerade gut genug.

Das Beste der Oliven

Es ist noch früh am Morgen

Dimitri und Jannis sind bereits auf dem Weg zum südlichen Olivenhain, dessen Bäume schon seit dem letzten Jahrhundert Früchte tragen. Dimitris Großvater hat sie gepflanzt. Einträchtig schweigend gehen Vater und Sohn nebeneinander her. Jetzt, im November, ist es auch hier, im Süden Kretas, bereits empfindlich kühl. Dimitri, nicht mehr der Jüngste, zieht seine Jacke fester um sich.

»Ob die Oliven wohl endlich für das Pressen reif sind und eine gute Ausbeute bringen?« fragt Jannis. Sein kleiner Sohn wünscht sich ein Fahrrad. Daran denkt der junge Vater jetzt. Dimitri schweigt. Seine Gedanken wandern in seine eigene Kindheit, als die Oliven noch Haupteinnahmequelle der Familie waren. Seine Mutter brauchte große Mengen des Öles in der Küche. Harte körperliche Arbeit bestimmte das spartanische Leben. Von der Olivenernte hing die Existenz aller ab.

Heutzutage ist zumindest der Absatz des Öles einfacher, nachdem auch Nordeuropäer das unverwechselbare Aroma und den Gesundheitswert des grünen Goldes schätzen gelernt haben. Doch bis die Oliven geerntet, gepresst, in Flaschen gefüllt und verkauft sind, ist noch viel Arbeit zu tun. Die italienische, spanische und französische Konkurrenz ist hart. Dimitri seufzt. Ob das Konzept Qualität statt Quantität auch finanziell aufgeht?

Doch jetzt sind sie angekommen. Erfreut stellen sie fest, dass die Oliven seit ihrem letzten Rundgang vor einer Woche begonnen haben, sich dunkel zu färben. Violett, teilweise schon schwarz sind sie, damit reif genug zum Pressen. Jetzt müssen die Pflücker kommen …

Tropföl

▸ Diese edle, kostbare Spezialität wird ohne Pressen gewonnen. Die gemahlenen Früchte tropfen einfach auf einem Sieb ab und das Öl wird aufgefangen. Die Ausbeute dieses außerordentlich geschmackvollen Öls ist gering, deshalb ist es teuer. Eine Delikatesse: Frisches Brot eingetunkt in dieses Öl. Ein Glas Rotwein dazu – mmmhh!

Die richtige Würze

Olivenöl – das Öl mit der ältesten Kulturgeschichte ist ein ganz besonderer Saft. Allein die Farbpalette geht von hellem Gelb bis hin zu tiefdunklem Grün. Der Duft variiert von zart fruchtig bis intensiv nussig. Olivenöl kann süßlich oder bitter, fruchtig, nussig, sehr kräftig oder mild schmecken. Genau wie beim Wein bestimmen Sorte, Herkunft, Lage und Klima den Charakter des Öls. Lange, trockene Sommer, viel Sonnenschein und wenig Frost: Das sind die optimalen Bedingungen für die immergrünen Olivenbäume mit den silbrig schimmernden Blättern. Das milde Mittelmeerklima ist wie geschaffen für die knorrigen Bäume. Frankreich, Portugal, Spanien, Griechenland und Italien sind die Heimat des Olivenöls. Dort existieren mindestens 50 Baumarten, die Früchte mit unterschiedlichem Geschmack hervorbringen. Sie verfärben sich während der Reife von grün über violett zu schwarz. Der Erntezeitpunkt wirkt sich auf den Geschmack aus. Die frühe Ernte der noch grünen Früchte liefert ein Öl mit einer herben Note. Die späte Ernte bringt ein Öl mit einem süßen, leicht nussigen Aroma. Die Früchte werden meist mühsam mit der Hand gepflückt. Aber gerade die handgepflückten Oliven ergeben ein Öl von besonderer Qualität. Hier ist gewährleistet, dass die Früchte unversehrt in die Ölmühle gelangen. Nur von den Blättern befreit kommen die Oliven in eine riesige Schüssel, in der die Mühlsteine rotieren, und werden zu Brei gemahlen. Dann wird der Brei auf Matten verteilt und mit starkem Druck gepresst, eine Mischung aus Öl und Fruchtwasser wird freigegeben. Erst nachdem diese Emulsion in einer Zentrifuge war, erhält man das leuchtendgrüne Öl. Das Öl am Anfang der Pressung ist das kostbarste. Schrittweise wird der Druck erhöht, dabei entsteht Wärme, die zwar die Ausbeute verbessert, aber die Qualität beeinträchtigt.

Flüssiges Gold

Pflanzenöle werden als kaltgepresstes oder raffiniertes Öl angeboten. Bei der Kaltpressung werden die Öle maximal auf 40 °C erhitzt, so bleiben Vitamine und der typische Geschmack der Ölfrucht erhalten. Raffiniertes Öl wird auf 270 °C erhitzt und chemisch behandelt. Das charakteristische Ölaroma geht dabei verloren.

Selbst geübte Erntehelfer pflücken nur etwa 40 kg am Tag

ABC der Pflanzenöle

Speiseöle, die nach einer Ölpflanze benannt sind, dürfen nur aus dem reinen, unvermischten Öl dieser Pflanze bestehen, zum Beispiel Sonnenblumenöl. Speiseöle mit der Bezeichnung Tafel-, Salat- oder Bratöl können aus unterschiedlichen Pflanzenöl-Mischungen hergestellt sein. Olivenöl nimmt eine Sonderstellung ein, weil es je nach Pressung eine andere Qualitätsstufe erhält. »Natives Olivenöl extra« (franz: vierge extra, ital.: extra vergine) ist die höchste Qualitätsstufe, da es nur einen Säuregehalt von unter einem Prozent hat. Danach folgen die Qualitätsstufen »natives Olivenöl« (franz.: vierge, ital: vergine), »reines« und »raffiniertes« Olivenöl.

Sensible Fettsäuren

Ungesättigte Fettsäuren sind »Sensibelchen« und zersetzen sich bei allzu großer Hitze, erkennbar an der Rauchentwicklung. Feine Öle wie Distel-, Lein- oder Nussöle sind zum scharfen Braten daher nicht geeignet. Olivenöl eignet sich zum Schmoren und Dünsten.

Welches Öl passt wozu?

Wenn Sie sich bisher noch nicht so recht getraut haben, etwas anderes außer Maiskeim- und Sonnenblumenöl in der Küche zu verwenden, finden Sie hier einige Beispiele. Diese »Power-Tropfen« aus Früchten, Keimen, Kernen und Samen schmecken intensiv aromatisch und verfeinern, sparsam verwendet, manche Speise. Wenige Tropfen genügen schon …

Die besten Sorten

Pflanzenöl	Aroma	paßt zu …
Distelöl (Safloröl)	kräftiger Geschmack	allen kräftigen Blattsalaten
Erdnussöl	kräftig erdnussig	feinen Salaten, Geflügel, asiatischen Gemüsen
Leinöl	intensiv, herb	kräftigen Salaten, Gemüse, Quark
Kürbiskernöl	intensiv und doch mild nussig	Salaten, Nudeln, Gemüse
Sojaöl	intensiver, kräftiger Geschmack	kräftigen Blattsalaten, zum Braten und Schmoren
Sonnenblumenöl	feinmild bis neutral	feinen Salaten, zum Braten und Schmoren
Olivenöl	intensives Eigenaroma	Salaten, Suppen, Gemüse, zum Dünsten und milden Schmoren
Sesamöl	dezent nussig	exotischen Gerichten und Süßspeisen
Traubenkernöl	sehr aromatisch	allen Salaten
Walnussöl	sehr fein, nussig	feinen Salaten

Öle aufbewahren

- Flaschen immer gut verschließen und an einem dunklen, kühlen Ort, nicht unter 10 °C, aber noch unter Zimmertemperatur lagern. In dunklen Flaschen bleiben die wertvollen Inhaltsstoffe am besten erhalten.

Eine Frage der Menge

Flüssiges Gold

Fette – in kleinen Mengen unverzichtbar

Um gesund zu bleiben, müssen mit der Nahrung kleinere Mengen Fett aufgenommen werden, weil Fett die Vitamine A, D, E, K und essentielle, d. h. lebensnotwendige Fettsäuren liefert, die unser Organismus nicht selbst herstellen kann. Ohne Fett werden dem Körper wichtige Nährstoffe vorenthalten, die gewährleisten, dass das Immunsystem und die Muskeln richtig funktionieren, dass die Haut geschmeidig und die Knochen und Zähne gesund bleiben. Außerdem unterstützen sie die Blutgerinnung und stärken die Sehkraft.

Doch leider gilt immer noch »Fett macht fett«, denn das Fett aus z. B. Schweinshaxe, Salami, Cremetorte, Butter, Sahne oder Schokolade wird im Stoffwechsel viel langsamer verwertet als andere Energie liefernde Nährstoffe wie Kohlenhydrate. Stattdessen lagert der Körper das Fett in Depots – umgangssprachlich »Speckpölsterchen« – ab und schafft damit Reserven für Notzeiten. Diese Reserven sind hierzulande allerdings nicht mehr erwünscht. Wer weniger Fettes isst, kann mehr von anderen Lebensmitteln essen: Hungern wird auch für Figurbewusste überflüssig.

So viel Fett braucht der Mensch

Fette sind Energiebomben. Ein Gramm Fett enthält doppelt so viel Energie wie Kohlenhydrate und Eiweiß. Die Deutschen essen durchschnittlich pro Kopf etwa 81–102 g Fett pro Tag. Das entspricht einem Fettkaloriengehalt von 729–918 kcal. Die Deutsche Gesellschaft für Ernährung (DGE) empfiehlt zum Gewichthalten eine tägliche Fettmenge von 60–80 g, gemeint sind Koch- und Streichfette sowie versteckte Fette in Lebensmitteln. Wer abnehmen will, dem hilft es, sich am unteren Wert oder darunter zu orientieren. Weniger als 30 g Fett täglich sollte man nicht essen, da sonst Mangelerscheinungen entstehen können. Ideal sind pflanzliche Öle und Fette mit reichlich ungesättigten Fettsäuren wie Oliven-, Sonnenblumen-, Distel-, Walnuss- oder das hocharomatische Kürbiskernöl. Kaltgepresst und naturbelassen bleibt das charakteristische Aroma der ölgebenden Frucht erhalten.

Fettbedarf im Überblick

Durchschnittlicher Verzehr	81 – 102 g
Gewicht halten	60 – 80 g
Abnehmen	40 – 60 g
Mangelversorgung	unter 30 g

Kalorienzählen ist »out«
Für das Gewicht entscheidend ist der Fettgehalt im Essen, nicht der Kaloriengehalt. Wer zum Abnehmen unbedingt zählen will, zählt die Fettmenge.

Bitte nicht übertreiben
Fettbewusst essen heißt nicht, völlig auf Fett zu verzichten. Ganz ohne Fett sind Gesundheitsstörungen programmiert.

Fett-Fakten

Alle Fette und Öle bestehen aus drei unterschiedlichen Fettsäuren und Glycerin. Man unterscheidet dabei zwischen gesättigten, einfach ungesättigten und mehrfach ungesättigten Fettsäuren. Gesättigte Fettsäuren kommen vorwiegend in tierischen Nahrungsmitteln vor, zum Beispiel in Butter, Schmalz, Wurst, Fleisch, Käse und Sahne. Anders bei den einfach und mehrfach ungesättigten Fettsäuren: Diese so genannten essentiellen – lebensnotwendigen – Fettsäuren oder »guten« Fette liegen vor als einfach ungesättigte Fettsäuren wie im Olivenöl oder als mehrfach ungesättigte Fettsäuren, z. B. in Sonnenblumen- oder Distelöl, aber auch in manchen Fischen wie Lachs, Makrele oder Thunfisch als Omega-3-Fettsäure.

Wichtig für den Körper sind alle drei Fettsäurearten. Sie sollten zu je einem Drittel in einer ausgewogenen Ernährung enthalten sein. Da auch mit wenig Fleisch, Wurst, Käse und Milchprodukten praktisch schon ausreichende Menge gesättigter Fettsäuren gegessen werden, sind zur Speisenzubereitung Öle mit mehrfach oder einfach ungesättigten Fettsäuren empfehlenswerter.

Gehärtete Fette

Um flüssige Öle fest zu machen, damit die Margarine nicht vom Brot läuft, werden die Öle gehärtet. Chemische Umwandlungsprozesse verwandeln ungesättigte in gesättigte Fettsäuren. Fettlösliche Vitamine und lebensnotwendige Fettsäuren werden zerstört. Fast alle industriell hergestellten Margarinesorten und Bratfette sind auf diese Weise hergestellt. Fertiggerichte, Backwaren, Cremetorten und manch anderes Instantprodukt wird mithilfe gehärteter Fette »zubereitet«, ein Blick auf die Zutatenliste gibt Aufschluss darüber. Eine wesentlich schonendere Methode, das Öl streichfähig zu bekommen, wird für die Herstellung von Margarine aus dem Reformhaus oder Naturkostladen eingesetzt. Flüssiges Öl wird einfach mit natürlich festen Pflanzenfetten, z. B. Kokosfett, gemixt. Diese Margarinesorten sind frei von gehärteten Fetten und alle wertvollen Vitamine und ungesättigten Fettsäuren bleiben erhalten.

Butter oder Margarine?

Darüber streiten sich Gelehrte, Butter- und Margarineindustrie seit Jahren. Sicher ist: Für Gesundheit und Figur entscheidend ist mehr die Fettmenge als die Fettsorte. Beide haben praktisch gleich viel Fett und damit gleich viel Fettkalorien, deshalb gilt »weniger ist mehr«. Wem es gelingt, versteckte Fette in Lebensmitteln einzusparen und fettbewusster zu kochen, für den ist der Streit »Margarine oder Butter« letztlich reine Geschmackssache.

Butter wird aus Süß- oder Sauerrahm hergestellt und ist leicht verdaulich. Sie hat vor allem geschmackliche Vorteile. Sie ist nahezu naturbelassen und wird auch für alternative Kostformen empfohlen.

Margarine ist industriell hergestellt und kann gehärtete Fette enthalten. Achten Sie auf die Kennzeichnung »ohne Zusatz von gehärteten Fetten«.
Diätmargarine enthält mindestens 50 Prozent Linolsäure – eine mehrfach ungesättigte Fettsäure – und ist deshalb sehr streichfähig. Allerdings enthält sie genauso viel Fettkalorien wie jede andere Margarine.
Halbfettmargarine enthält höchstens 41 Prozent Fett, der Rest ist Wasser. Hinzu kommen noch Aromastoffe, Emulgatoren und Vitamine.

Mediterrane Stulle

▶ Duftendes Brot, ein Stück guter Käse, evtl. ein kleines Glas Rotwein: So genießt man in Italien und Südfrankreich sein Brot – ganz ohne Streichfett.

Probieren geht über Studieren

▶ Mittlerweile gibt es Öl in kleinen Miniflaschen. Da kann ruhig das eine oder andere exotisch klingende Öl im Einkaufskorb landen.

Pfiffig

▶ Warm essen am Abend macht nicht zwangsläufig dick. Leichte Gemüsegerichte, z. B. mit Pellkartoffeln, etwas Reis oder Brot sind figurfreundlicher als fettreich belegte Stullen.

Fettarm, – aber mit Geschmack

Genuss mit weniger Fett – zwei Tagespläne im Vergleich

Wer dauerhaft schlank bleiben will, muss sich nicht quälen. Dabei ist es am sinnvollsten, fettreiche Lebensmittel auszutauschen.

Viel Gemüse und Obst sowie sättigende Beilagen machen die Ernährung abwechslungsreich, gesund und verhindern, dass der »schlanke« Tagesplan zur Hungerkost wird.

Wie möchten Sie lieber genießen?
So …

Frühstück:
2 Brötchen mit Butter und Marmelade
2 Tassen Kaffee mit Dosenmilch und Zucker

555 Kalorien, 21 g Fett

zwischendurch:
1 Croissant
1 Cola

370 Kalorien, 12 g Fett

mittags:
Rinderroulade, Butterbohnen, Salzkartoffeln und Soße
1 Orangensaft
Schokoladenpudding mit Sahne

760 Kalorien, 28 g Fett

zwischendurch:
1 Cappuccino
1 Stück Schwarzwälder Kirschtorte

490 Kalorien, 21 g Fett

abends:
2 Scheiben Vollkornbrot mit Butter, belegt mit Leberwurst und Brie 60 %
1 Glas Bier

690 Kalorien, 40 g Fett, 10 g Alkohol

später:
20 Kartoffelchips
1 Glas Bier

305 Kalorien, 20 g Fett, 10 g Alkohol

Gesamt:
3170 Kalorien, 142 g Fett, 20 g Alkohol

... oder so?

Frühstück:
1/2 Grapefruit
1 Vollkornbrötchen mit Quark 20%
und frischen Erdbeeren
2 Tassen Kaffee mit fettarmer Milch

225 Kalorien, 3g Fett

zwischendurch:
1 fettarmer Joghurt mit
2 Esslöffeln Müsli
1/2 Banane
1 Mineralwasser oder Kräutertee

250 Kalorien, 4g Fett

mittags:
1 Apfelsaft-Schorle
Gemischter Salat mit Joghurtsoße
Bandnudeln mit frischer Tomatensoße
Quarkspeise mit frischem Obst

680 Kalorien, 10g Fett

zwischendurch:
1 Stück Zwetschgenkuchen mit
1 EL Schlagsahne
1 Cappuccino

265 Kalorien, 10g Fett

abends:
1 Portion Ratatouille mit Pellkartoffeln
1 Glas Rotwein
Mineralwasser

410 Kalorien, 10g Fett, 10g Alkohol

später:
30 Salzstangen
Mineralwasser

150 Kalorien, 0g Fett

Gesamt:
1980 Kalorien, 37g Fett, 10g Alkohol

Gesamtersparnis:
1180 Kalorien, 105g Fett, 10g Alkohol

Kräuter und Gewürze: Würziges Aroma, feurige Prise

Wer fettärmer kocht, kann den Geschmacksträger Fett durch Kräuter und Gewürze sinnvoll ersetzen. Phantasievolles Würzen gibt den Gerichten den letzten Schliff. Vitamine gibt's gratis dazu und toll schmecken tut es auch.

Gewürze

Ungemahlen sind die würzigen Kostbarkeiten fast unbegrenzt haltbar. Im pulvrigen Zustand sind sie jedoch sehr empfindlich. Die feinen ätherischen Öle, die für Duft und Aroma zuständig sind, entfalten sich intensiv beim Zermahlen und verflüchtigen sich sehr schnell wieder. Selbst Pfeffer schmeckt frisch gemahlen super aromatisch und nicht nur scharf. Wer ein echter Gewürzfan werden möchte, für den ist ein Mörser ein unerläßliches »Muß«. Wenn beim Zermalmen der würzige Duft in die Nase steigt, macht das Kochen noch einmal so viel Spaß. Dabei wird auch die Lust am Experimentieren wach.

Fenchel
sehr aromatisch, nach Anis schmeckend. Köstlich zu Braten, Wurst oder vegetarischen Gerichten.

Ingwer
gibt es frisch oder getrocknet. Sein scharf-süßes Aroma ist gleichermaßen für süße oder würzige Gerichte geeignet. Eingelegter Ingwer wird häufig zu Sushi gegessen.

Kardamom
hat ein scharfes, leicht minziges Aroma. Es passt sehr gut zu Pudding, Eis, Gebäck, aber auch zu pikanten Brotaufstrichen, Suppen oder Eintöpfen.

Koriander
schmeckt zu süßen und pikanten Gerichten wie Eintöpfen, Hackfleischgerichten oder Puddings und Cremes.

Piment
erinnert im Geschmack an eine Mischung aus Pfeffer, Nelken und Muskat. Es schmeckt gut in Currys, in Soßen, Nudelgerichten oder Eintöpfen.

Kräuter

Frische Kräuter sind unschlagbar. Sie geben jeder Speise ein unverwechselbares Aroma, regen die Verdauungssäfte an und bereichern jedes Gericht um eine Extraration an Vitaminen und Mineralstoffen. Frisch halten sie sich ein bis drei Tage im Kühlschrank, locker in einen Frischhaltebeutel gelegt. Eine gute Alternative sind tiefgekühlte Kräutermischungen. Sie sind bereits eine Stunde nach der Ernte fix und fertig gefroren und aromaversiegelt. Geschmack und Duft bleiben erhalten. Eine weitere Möglichkeit: das Selberziehen auf der Fensterbank oder dem Balkon.

Basilikum
ist würzig mit nelkenähnlichem Aroma. Immer kurz vor dem Servieren verarbeiten. Passt wunderbar zu Tomaten, Pilzen, Eintöpfen und Fischgerichten.

Estragon
ist ein sehr feines Kraut mit einem würzigen Aroma. Es passt zu feinen Gemüsegerichten, Eierspeisen und Suppen.

Lemongras
erinnert deutlich an Zitrone. In der asiatischen Küche wird es häufig in Suppen und Eintöpfen verwendet.

Minze
ist stark erfrischend und für süße Speisen wie Pudding, Eis oder Obstsalat geeignet. Sie gibt aber auch Eintöpfen, Hühnchen oder Suppen eine orientalische Note.

Rosmarin
würzig, leicht harzig. Passt gut zu kräftigen Fleischgerichten wie Lamm, Geflügel, Schweinefleisch. Köstlich auch zu Kartoffeln oder Nudeln.

Salbei
ist besonders würzig und schmeckt gut zu Nudeln, Kartoffeln, Fisch und Käse. Am besten mitgaren.

Thymian
hat ein kräftiges typisches Aroma undschmeckt sehr gut zu deftigen Fleisch-, Fisch- und Geflügelgerichten. Immer mitgaren.

Garen (fast) ohne Fett

Lange Garzeiten wie zu Großmutters Zeiten sind zwar schon lange passé, aber haben Sie auch bereits auf Fett sparende Garmethoden wie Dämpfen, Dünsten und Sautieren umgestellt? So wird's gemacht:

Dämpfen
Für zartes Gemüse und Fisch. Den Boden eines gut schließenden Topfes zwei Fingerbreit mit Wasser füllen, einen Dämpfeinsatz – ein Sieb oder Gitter – hineinstellen und das Gargut darauf legen. Topf schließen. Großer Vorteil: Das Gargut kommt nicht mit dem Wasser in Berührung, sondern nur mit dem heißen Wasserdampf, Vitalstoffe bleiben weitestgehend erhalten. Noch neu sind chinesische Bambuskörbchen. Auch diese können einfach in einen Topf mit Wasser gestellt werden. Das Besondere: Der Boden kann mit Kräutern ausgelegt werden, so dass das Gargut noch aromatischer wird.

Dünsten
Für Gemüse, Fisch und Fleisch. Dünsten heißt Garen im eigenen Saft oder mit wenig Flüssigkeit bei 100 °C im geschlossenen Topf. Vitamine werden geschont. Der untere in der Flüssigkeit liegende Teil des Garguts kocht, der Rest gart im Wasserdampf.

In der Pfanne braten, Sautieren
Für kleine Gemüse-, Fisch- und Fleischstücke. Diese Gartechnik gelingt sehr gut mit einem Wok. Die ursprünglich asiatische Pfanne ist halbrund. Mittlerweile gibt es sie auch für Elektro- und Gasherde. Aufgrund der hohen Temperatur müssen die gleich großen Gemüse- und Fleischstücke ständig gewendet werden. Das Gargut bleibt maximal fünf Minuten im Wok. So bleibt das Gemüse knackig und Vitamine und Mineralstoffe weitestgehend erhalten.

Fettarm braten
Es genügt, den Boden einer beschichteten Bratpfanne hauchdünn mit Öl einzupinseln. Voraussetzung ist eine wirklich gute Pfanne, z. B. mit Titanbeschichtung.

Die richtigen Küchengeräte sind wichtig

Schmoren im Römertopf
Für Gemüse, Fisch, Geflügel, Fleisch. Der zuvor ca. 10 bis 20 Minuten gewässerte Tontopf gibt während des Garvorganges im Backofen Dampf nach innen ab. Das spart Fett, schont dabei Vitamine und Aroma – praktisch ist es außerdem.

Löffelchenweise

- Messen Sie Fette und Öle zum Braten, Kochen und für Salate mit dem Löffel ab. So bleibt die Fettmenge überschaubar. Ein Teelöffel Fett oder Öl enthält ca. 5 g, ein Esslöffel ca. 10–15 g.

Fettarm kochen – Tipps und Tricks

Viele traditionelle Gerichte schmecken einfach unvergleichlich – und werden von figurbewussten Genießern oft nur mit schlechtem Gewissen gegessen. Wie schade, denn so ist der Genuss nur halb so schön. Mit einigen Tipps und Tricks, Know-how und etwas Küchentechnik gelingen viele dieser Speisen auch mit weniger Fett – ohne dass der Geschmack auf der Strecke bleibt.

Fleisch braten
Vorher sichtbares Fett abschneiden. Ein absolutes Muss für die fettarme Küche ist eine beschichtete Bratpfanne. In ihr gelingen Steak, Schnitzel und Hähnchenkeulen auch mit wenig Fett. Sehr mageres Fleisch vor dem Braten mit wenig Öl einpinseln. Beschichtete Pfannen dürfen nicht zu stark erhitzt werden, da dadurch die Beschichtung leidet und das Fleisch verbrennt, ohne innen gar zu sein.

Fett abschöpfen macht den Genuss leichter

Bratensoßen
Mit einem Fettabschöpf-Kännchen werden Soßen von Gans, Ente und Braten vor dem Binden ganz einfach entfettet. Das Fett schwimmt oben und bleibt in der Kanne.

Knabbergebäck
Statt Chips, Nüssen, Erdnusslocken lieber Salzgebäck, Laugenbrezeln, italienische Grissini oder Reisgebäck einkaufen.

Gemüse in Fett dünsten?
In einer beschichteten Pfanne geht es auch ohne. Dazu das zerkleinerte Gemüse in der erhitzten Pfanne unter ständigem Rühren anrösten, bis es duftet, dann mit Flüssigkeit, z.B. Brühe oder Milch, ablöschen, würzen und erst am Schluss etwas Butter oder Öl zugeben.

Eintöpfe und Suppen
Fleisch und Knochen am Vortag kochen, erstarrtes Fett von der abgekühlten Brühe abheben, Gemüse und weitere Zutaten nach Belieben in der entfetteten Brühe garen.

Sahnesoßen
Zur Geschmacksabrundung von Soßen statt Sahne oder Crème fraîche saure Sahne oder Schmand verwenden, helle Soße mit Milch statt Sahne herstellen.

Salatsoßen
Durch Mayonnaise, Öl, Sahne, Speckwürfel und Croutons wird der eigentlich leichte Salat zur Fett- und Kalorienbombe. Besser ist es, Salatsoßen auf Joghurt-, Buttermilch- oder Quarkbasis herzustellen oder in Vinaigrette einen Teil des Öls durch kräftige Instantbrühe zu ersetzen.

Gemüse-Käse-Soße

Milch, fettarm
Frischkäse, fettarm
Pfeffer und Salz
Zitronensaft
Kräuter nach Belieben

▸ *Gemüse dünsten und pürieren. Fettarme Milch zugießen. Mit einem Esslöffel fettarmem Frischkäse einrühren. Mit Pfeffer und Salz würzen. Mit Zitronensaft und Kräutern abschmecken. Passt zu Nudeln und Kartoffeln.*

Frisch und fruchtig –

Genüsse aus der Natur

**Bunt, knackig und gesund –
Gemüse und Salate**

Vegetarisches Sommermenü: Hauptsache Gemüse

Wenn Menschen essen, nehmen sie die Welt in sich auf. Das Genießen ist neben dem Atmen und der Liebe der einzige Akt, bei welchem sie freiwillig ihren Körper für äußere Einflüsse öffnen. Es ist eine sehr sinnliche Verbindung zur Welt: Sehen, Riechen, Fühlen, Schmecken, ja sogar Hören spielen dabei eine wichtige Rolle. Bei einem vegetarischen Menü ist das nicht anders. Sinnlich und dennoch leicht ist es, in der Vielfalt der Formen und Farben von Gemüse und Kräutern zu schwelgen, die Nase und Gaumen mit dem Duft und Aroma von Kräutern und Gewürzen zu verführen – winters wie sommers – auch mal ohne Fleisch …

Gefüllte Crêpes mit gemischten Blattsalaten

1	Ei
75 ml	fettarme Milch
50 g	Mehl
4 TL	Rapsöl
100 g	Rauke (Rucola)
350 g	Magerquark
	Salz, Pfeffer
	frisch geriebener Meerrettich
1–2 EL	Balsamessig
1 Pr	Zucker
je 1 EL	Kürbiskernöl und Olivenöl
250 g	gemischte Blattsalate (z. B. Batavia, Radicchio, Lollo bianco, Frisée)

▶ *Ei, Milch und Mehl kräftig verquirlen und in einer kleinen, beschichteten Pfanne in wenig Rapsöl nacheinander vier Crêpes backen, abkühlen lassen. Rauke putzen und grob hacken, unter den Quark heben und mit Salz, Pfeffer und Meerrettich herzhaft abschmecken. Den Quark auf die Crêpes streichen und aufrollen. Aus Balsamicoessig, Salz, Pfeffer, Zucker, Kürbiskern- und Olivenöl eine Vinaigrette rühren und den Salat unterheben. Auf jedem Teller etwas Salat anrichten. Die Crêpes schräg in dicke Scheiben schneiden und daneben legen.*

Tipp zur Gazpacho

▶ Besonders edel sieht es aus, wenn man die Suppenschale zum Servieren der Gazpacho in eine große Schüssel mit Eiswürfeln stellt.

Gazpacho mit Sesamcroûtons

1	Gurke
3	rote Paprikaschoten
500 g	Tomaten
1/4 l	Gemüsefond (Glas)
2	Knoblauchzehen
	Salz, Cayennepfeffer
	Zucker
1 EL	Weinessig
2 Scheiben	Graubrot
1 EL	Olivenöl
1 EL	Sesam
1 Bd	gemischte Mittelmeerkräuter (z. B. Thymian, Rosmarin, Majoran, Basilikum)

▶ *Die Gurke schälen, längs halbieren und die Kerne herauskratzen, Paprika putzen. Je ein Drittel von Paprika und Gurke sehr fein würfeln und in Schälchen abgedeckt beiseite stellen. Tomaten mit kochendem Wasser überbrühen, abschrecken und häuten. Die Tomaten entkernen und mit der restlichen Gurke und Paprika grob würfeln, mit dem Pürierstab fein pürieren. Mit Gemüsefond auffüllen und mit durchgedrückten Knoblauchzehen, Salz, Cayennepfeffer, Essig und Zucker abschmecken. Die Suppe mindestens drei Stunden kalt stellen. Das Brot entrinden, würfeln und im Olivenöl in einer Pfanne knusprig braten. Sesam, etwas Salz und Pfeffer zugeben und kurz weiterrösten. Kräuter fein hacken und in eine Schüssel füllen. Die Gemüsesuppe eiskalt servieren, Gemüsewürfel, Croûtons und Kräuter dazu servieren.*

Spitzkohl in Safransoße

1	Spitzkohl (ca. 1 kg)
	Salz
	weißer Pfeffer
1 Br	Safran
2 EL	Zitronensaft
50 g	Schmand
50 g	Magermilchjoghurt
2 ML	pflanzliches Soßenbindemittel
2 EL	Schnittlauchröllchen

▶ *Den Spitzkohl putzen und achteln, den Strunk nicht herausschneiden. Kohlachtel von beiden Seiten salzen und pfeffern. 1/4 l Wasser in einem weiten Topf erhitzen und den Spitzkohl von beiden Seiten zugedeckt etwa 5 Minuten garen. Den Kohl aus dem Kochfond heben und warm stellen. Safran, Zitronensaft, Schmand, Joghurt und Soßenbindemittel in das Kochwasser einrühren und einmal aufkochen lassen. Mit Salz und Pfeffer abschmecken und evtl. nachdicken. Spitzkohl mit etwas Soße beträufeln und mit Schnittlauch bestreuen. Die restliche Soße getrennt dazu reichen.*

Tafelfreuden

Variation

▶ Außerhalb der Spitzkohl-Saison kann man Wirsing- oder Chinakohl verwenden.

Kartoffel-Plätzchen mit Kürbiskernen

1	kleine Zwiebel
400 g	Kartoffeln
2 EL	Kürbiskerne
1	Ei
	Salz, weißer Pfeffer
	Muskatnuss
4 TL	Sonnenblumenöl

▶ *Zwiebel pellen und würfeln, Kartoffeln schälen, grob raspeln und mit Zwiebelwürfeln, Kürbiskernen und Ei vermengen. Mit Salz, Pfeffer und Muskatnuss würzen. In einer beschichteten Pfanne in wenig Öl nacheinander etwa 12 kleine Plätzchen braten, von jeder Seite 2–3 Minuten. Im Ofen warm stellen, bis alle Plätzchen gebacken sind.*

Dialog der Früchte

Zutaten für 6 – 8 Portionen:

2	Kiwis
1	Mango, klein
125 g	schwarze Johannisbeeren
125 g	Himbeeren
1/2	Zuckermelone
	Puderzucker
	Honig
	Apfeldicksaft nach Bedarf

▶ *Früchte getrennt putzen und fein pürieren, nach Bedarf leicht süßen und kalt stellen. Zum Servieren die Pürees nebeneinander auf großen flachen Tellern anrichten, mit einem Holzstäbchen Linien durch das Püree ziehen.*

Tipp

▶ Fruchtpüree-Reste kann man gut einfrieren. Ebenfalls geeignet sind Erd- und Blaubeeren, Kaki, Pfirsiche oder Aprikosen.

Bei Gemüse gilt: Viel hilft viel!

Wohlbefinden

Viel Gemüse zu essen erhält Wohlbefinden und Fitness und ist unverzichtbar für alle Schlankheitsbewussten. Die Variationsfähigkeit der zahlreichen Gemüsesorten spornt manchen Gourmetkoch zu kreativen Höchstleistungen an. Ob Blatt-, Wurzel-, Knollen- oder Kohlgemüse: Die Möglichkeiten, Gemüse lecker zuzubereiten, sind einfach unerschöpflich. Keine andere Lebensmittelgruppe ist so bunt, wandlungsfähig und vielfältig in Farbe, Form und Geschmack. Alle Gemüsesorten sind praktisch fettfrei und gehören deshalb zu den natürlichen »light«-Lebensmitteln. Ein weiteres Plus: Gemüse ist reich an Vitaminen, Mineralstoffen, sättigenden Ballaststoffen und sekundären Pflanzenstoffen, deren gesundheitsfördernde Wirkung mittlerweile wissenschaftlich erwiesen ist. Doch wie viel Gemüse soll man essen?

Indisches Auberginenraita

350 g	**Auberginen**
1 EL	**Sonnenblumenöl**
1 kleine	**Zwiebel, fein gehackt**
1/2 TL	**geriebener frischer Ingwer**
1/2 TL	**Garam Masala**
1 Pr	**Cayennepfeffer**
1	**kleine Tomate, grob gehackt**
1/2 TL	**Salz**
250 g	**Naturjoghurt 1,5 %**
	frische Korianderblätter, grob gehackt

Auberginen mehrmals mit einer Gabel einstechen und eine knappe Stunde bei 200 °C im Ofen backen, bis die Schale heller wird. Halbieren, Fruchtfleisch herausschaben und grob hacken. Zwiebeln im heißen Öl glasig dünsten. Ingwer, Garam Masala und Cayennepfeffer zugeben und etwa 2 Minuten mitrösten. Tomatenwürfel zugeben und weich dünsten. Topf vom Herd nehmen und Auberginenmus, Joghurt, Salz und Korianderblätter unterrühren. Pikant abschmecken. Abkühlen lassen und mit Brot als Vorspeise servieren.

Die Deutsche Gesellschaft für Ernährung (DGE) empfiehlt fünf Portionen Gemüse und Obst täglich, gegart und als Rohkost. Empfehlungen anderer internationaler Organisationen gehen noch weiter und raten zu bis zu sieben Portionen täglich, Obst eingerechnet. Grundsätzlich gilt: Gemüse kann man eigentlich nicht zu viel essen und es lohnt sich, dem Gemüse in unterschiedlichster Zubereitung mehr Platz auf dem Teller zu gönnen. Wer sich am Gemüse satt isst, kommt auch mit kleineren Fleischportionen aus.

Noch mehr Gemüse-Tipps

- Essen Sie zu jeder Mahlzeit Gemüse, Obst oder Salat.
- Mehrere, möglichst verschiedenfarbige Gemüsearten zu einer Mahlzeit erfreuen Auge und Gaumen.
- Ein kleiner Salat, eine Rohkost mit Quarkdip oder eine leichte Gemüsesuppe als Vorspeise dämpfen den ersten Heißhunger.
- Öfter mal vegetarisch kochen oder die bunte Gemüsevielfalt zum Hauptbestandteil der Mahlzeiten machen.
- Bissfest im eigenen Saft, mit wenig Wasser oder Butter, besser noch in hochwertigem Pflanzenöl gedünstet, ist das Gemüse besonders aromatisch.
- Seien Sie verschwenderisch mit Gewürzen und Kräutern. Ihr Gemüsegericht bekommt – je nach Zusammenstellung – immer eine andere Note: ob exotisch mit Ingwer, Chili oder Koriander oder mediterran mit Basilikum, Knoblauch oder Rosmarin. Außergewöhnlich schmeckt auch Garam Masala, eine indische Gewürzmischung, die in vielen Varianten in Spezialgeschäften erhältlich ist.

Saison-Genuss

Jahreszeitlich essen heißt genussvoll essen. Während der jeweiligen Saison kommen die Lebensmittel besser ausgereift und damit aromatischer und frischer auf den Markt. Günstiger sind sie meistens außerdem.

Gemüse: ungewöhnliche Sorten

Lassen Sie sich beim Einkauf durch das üppige Angebot der zahlreichen Gemüsesorten inspirieren. Die Vielfalt an Farben, Formen und unterschiedlichen Geschmacksnuancen ermöglicht eine Fülle neuer Genusserlebnisse. Es lohnt sich, ungewöhnliche Aromen zu probieren, um auf den Geschmack zu kommen.

Kürbis
Es gibt ihn in vielen Sorten, auch Zucchini gehören zu den Kürbissen.
Hokkaido: ein mittelgroßer, orangefarbener oder grüner Kürbis, mit kräftig orangefarbenem Fruchtfleisch. Die Schale wird beim Kochen weich und kann mitverwendet werden.
Patisson, der »Ufo-Kürbis«: Die Schale ist blassgrün bis weiß. Das weiße Fruchtfleisch erinnert im Geschmack an Artischocken. Am besten sind die kleinen Exemplare (ca. 7–10 cm Durchmesser). Köstlich: geschmort mit etwas Ingwer, Chili und Zimt.
Riesenkürbisse haben ein aromatisches, leicht süßes Fruchtfleisch und sind herrlich als cremige Suppe.

Grüner Spargel
Intensiver im Geschmack und mineralstoffreicher als der weiße Verwandte ist der grüne Spargel. Er ist zudem unkomplizierter, da er meist nicht geschält werden muss. Es reicht, wenn er gut gewaschen und die holzigen Enden abgeschnitten werden. Evtl. das untere Drittel schälen. Etwas Zitronensaft und eine Prise Zucker im Kochwasser unterstreichen das Aroma. Schmeckt pur mit Zitronensoße oder einer Kräuter-Vinaigrette.

Pastinake
Hat – rein äußerlich – Ähnlichkeit mit der Petersilienwurzel. Das weiß-gelbe Fruchtfleisch schmeckt ein wenig wie Möhre mit Haselnuss. Nach dem ersten Frost geerntet, wird der Geschmack süßlich. Pastinaken werden wie Möhren gewaschen und geputzt, etwas Zitronensaft verhindert das Braunwerden. Sehr lecker mit etwas Öl gedünstet, als Püree, Suppe oder im Eintopf.

Mangold
Hat große, spinatähnliche Blätter und rote oder weiße Stängel. Auch der Geschmack erinnert an Spinat, ist aber etwas intensiver. Blätter und Stiele nach Möglichkeit getrennt zubereiten, denn die Stiele haben eine längere Garzeit. Ganz zarte Blättchen können auch roh als Salat zubereitet werden. Bei sehr dicken Stielen das untere Ende abschneiden und eventuelle Fasern, wie beim Rhabarber, nach oben abziehen. Mangold schmeckt sehr gut gedünstet, die Blätter eignen sich gut zum Füllen.

Verführerische Auswahl – Einkaufen wie »la mamma«

Mediterranes Gemüse
Tomaten, Zucchini, Auberginen und Paprika sind ganzjährig als Treibhausware erhältlich. Richtig gut schmecken sie aber nur im Sommer, sonnengereift und aromatisch. Dann ist Saison für das klassischste aller französischen Gemüsegerichte – die Ratatouille. Für sie hat jede Französin ihr Geheimrezept. *Eines davon finden Sie auf Seite 38.*

Knackfrisch genießen: Salate für jede Saison

Salat steht für Frische, Knackigkeit und figurbewusstes Essen. Ob Tomaten oder Gurken, Paprika oder verschiedene Kohlsorten, Fenchel, Rettich, Kohlrabi, Rote Bete, Möhren, Lauch oder frische rohe Champignons: Auf Ihren Appetit kommt es an. Mit Ausnahme von grünen Bohnen, Auberginen und Kartoffeln können alle Frischgemüse – entsprechend zerkleinert – als Rohkost verzehrt werden. So bleiben die hitzeempfindlichen Vitamine optimal erhalten. Frische Kräuter, ein Hauch Knoblauch oder süßliche Zutaten wie Apfel, Orangen, Rosinen verbunden mit einer leckeren Marinade – natürlich aus hochwertigen Zutaten – machen aus den verschiedenen Gemüsesorten leckere Salate. Bunt und zahlreich ist das Angebot an frischen Blattsalaten. Zu jeder Jahreszeit gibt es den passenden Kopf.

Batavia

Die Kreuzung aus Kopf- und Eissalat hat kräftige, dunkelgrüne oder rötlich krause Blätter, die auch in der Soße nicht so schnell zusammenfallen. Schmeckt gut mit einer kräftigen Senf-Kräuter-Vinaigrette.
Angebot: Freilandware von Mai bis September, aus Gewächshäusern ganzjährig.

Feldsalat (Rapunzel)

Die zarten Blättchen werden büschelweise angeboten. Feldsalat muss sehr gründlich gewaschen werden. Da die Blättchen sehr empfindlich sind, bereitet man sie unmittelbar vor dem Servieren zu. Passende Soßen: Buttermilch-Zitronen-Marinade, Vinaigrette mit Senf, Weinessig und Distelöl sind gut geeignet. *Angebot:* Vom Herbst bis zum Frühjahr.

Endivien/Escarol

Den kräftigen, etwas bitter schmeckenden Salat gibt es mit krausen oder glatten, fast derben Blättern. Schmeckt gut zu kräftigen Essig-Öl-Marinaden mit Senf, Kräutern oder Schalotten. Köstlich auch zu Joghurt- oder Dickmilch-Dressings oder zu warmen Marinaden mit Kartoffeln und Brühe.
Angebot: Einheimische Freilandware von Juli bis Dezember; ganzjährig als Import aus Spanien, Italien oder Frankreich.

Rauke (Rucola)

Die gezackten Blätter schmecken und duften intensiv-würzig und verleihen gemischten Blattsalaten eine besondere Note. Köstlich zu würzigem Sherry- oder Champagner-Essig und Ölen wie Sonnenblumen- oder Distelöl.
Angebot: Freilandware von Juli bis September. Ganzjährig aus Italien oder Frankreich. Lässt sich auch auf dem Balkon selbst ziehen.

Brunnenkresse

Die runden bis ovalen Blätter schmecken wie Gewürzkresse, leicht scharf und pfeffrig. Sie werden am besten mit anderen Salaten gemischt. Die Blätter dafür gründlich waschen, da sich zwischen Blättern und Stengeln häufig Erdreste befinden. Unmittelbar vor dem Essen zubereitet bleiben die zarten Blättchen knackig.
Angebot: Im Sommer als Freilandware; ganzjährig aus Gewächshäusern.

Löwenzahn

Dieses Feld-, Wald- und Wiesengewächs hat kleine, leicht bitter schmeckende Blätter. Löwenzahn vom Markt hat einen feinen, leicht säuerlichen Geschmack. Der wilde schmeckt kräftiger. Frischer Löwenzahn sollte beim Einkauf möglichst noch Wurzeln haben. So ist er länger haltbar. Zu seinem leicht bitteren Geschmack passen aromatische Öle und Essigsorten, etwa Haselnuss- oder Olivenöl und Himbeer-, Rotwein- oder Balsamessig. Eine warme Vinaigrette mildert die Bitterstoffe und macht die Blätter zarter.
Angebot: Freilandware von Mai bis September.

Gesunder Bitterstoff

Der milchig-weiße Saft in Blattsalaten erzeugt den leicht bitteren Geschmack und regt die Verdauungssäfte an. Als Vorspeise sind Salate deshalb ideal. Zusätzlicher Vorteil: Der erste Hunger wird bereits mit der Vorspeise gestillt.

Dressing auf Vorrat

▶ Vorratsmengen Ihres Lieblingsdressings im Kühlschrank erleichtern den täglichen Salatgenuss. Bei Bedarf nur noch das Gemüse vorbereiten – Dressing darüber – genießen! In einer fest verschlossenen Flasche halten sich selbst gemachte Soßen bis zu einer Woche frisch.

Salatvielfalt zum Aussuchen

Spinat
Nicht nur warm als Gemüse, sondern auch roh als Salat ist er ein Hochgenuss. Einfach, aber köstlich schmecken die würzigen dunkelgrünen Blätter mit einer leichten Marinade aus Zitronensaft und Weizenkeimöl. Die Blätter sind oft sehr sandig, deshalb sollte man Spinat mehrmals mit kaltem Wasser gründlich waschen. Harte, dicke Stiele gleich entfernen. *Angebot:* Im Frühjahr und Herbst als Freilandware.

Radicchio (sprich: Radikkio)
Der attraktive kleine Salatkopf hat dunkelrote, kräftige Blätter und einen würzigen, leicht bitteren Geschmack. Radicchio wird meistens roh gegessen. Allerdings schmeckt er auch sanft geschmort zum Beispiel zu Nudeln, Reis oder Gemüse. Das Aroma kommt am besten zur Geltung, wenn er mit anderen Salaten, z. B. Kopfsalat oder Eisbergsalat, gemischt wird. Ein fruchtiges Olivenöl und ein Weißwein-, Balsam- oder Kräuteressig passen hervorragend zum Radicchio.
Angebot: Vorwiegend von Oktober bis Mai.

Chicorée
Die lichtscheue Sprosse der Zichorienwurzel wächst im Dunkeln heran, färbt sich bei Lichteinwirkung leicht grün und bekommt dann ihr fein-bitteres Aroma. Die knackigen cremeweißen Blätter schmecken roh oder gedämpft. Als Salat passt er gut zu Früchten wie Orangen oder Grapefruit, mit einem Dickmilch- oder Joghurt-Dressing.
Angebot: Grundsätzlich ganzjährig. Meistens aber auf Oktober bis April beschränkt.

Vinaigrette

Zutaten für etwa 1/2 Liter:

1 TL	**gekörnte Gemüsebrühe**
1 TL	**Honig**
1	**Zwiebel**
1/2	**rote Paprikaschote**
je 1/2 Bd	**Petersilie und Basilikum**
4 EL	**Balsamico oder Weißweinessig**
	Salz
	schwarzer Pfeffer
8 EL	**kaltgepresstes Öl**

▸ *Gemüsebrühe und Honig in 1/4 l heißem Wasser auflösen und abkühlen lassen. Zwiebel pellen, Paprikaschote putzen, alles sehr fein würfeln. Petersilie und Basilikum waschen, trocknen und fein hacken. Essig und Brühe mischen. Mit Salz und Pfeffer herzhaft abschmecken, Kräuter, Gemüse und das Öl zugeben und gut mischen. Eine Variante: Etwas frischer Knoblauch oder 1 TL Senf, andere Kräuter verwenden.*

Joghurt-Cocktail-Dressing

Zutaten für etwa 1/2 Liter:

300 g	**fettarmer Joghurt**
1/2 Tasse	**Milch**
3 EL	**Tomatenketschup**
1 EL	**Cognac**
2 EL	**Orangensaft**
2–3 Bd	**Schnittlauch**
	Salz
	Cayennepfeffer
	Zucker

▸ *Joghurt mit Milch, Tomatenketschup, Cognac und Orangensaft verrühren. Schnittlauch in Röllchen schneiden und untermischen, das Dressing mit Salz, Cayennepfeffer und Zucker herzhaft abschmecken.*

Tipp
▸ Diese leichtere Variante des American-Dressing schmeckt zu allen Salaten und als Cocktailsoße zu Schalentieren. Aus dem Dressing wird ein Dip, wenn man den Joghurt durch Magerquark ersetzt und mit nur wenig Milch glatt rührt.

Garantiert immer Saison: Hülsenfrüchte und Sprossen

Abwechslung bieten sie: Sie sind prall gefüllt mit Vitaminen, Mineral-, Ballast- und sekundären Pflanzenstoffen. Leider gehören sie immer noch zu den Stiefkindern der deutschen Küche, obwohl immer mehr Feinschmeckerköche aus Linsen, Bohnen und ihren Keimlingen die raffiniertesten Leckereien zubereiten. In der Zubereitung sind sie einfach: Aufwendige Arbeitsschritte wie Schälen oder Kleinschneiden fallen weg.

So werden Hülsenfrüchte weich

Ob Bohne, Kichererbse oder Linse, grundsätzlich sollten alle Hülsenfrüchte – bevor sie in den Kochtopf wandern – verlesen und ca. 12 Stunden – meist über Nacht – in Wasser eingeweicht werden. Das Einweichwasser wird beim Kochen mit verwendet, da es reich an Vitaminen und Mineralstoffen ist.
Aber das Verhältnis muss stimmen. Als Faustregel gilt: Auf eine Tasse Hülsenfrüchte kommen vier Tassen Wasser. Das heißt, für vier Personen werden 300 Gramm Hülsenfrüchte benötigt und 1 bis 1,5 Liter Wasser.
Bohnen, ungeschälte grüne oder gelbe Erbsen und Kichererbsen müssen etwa ein bis zwei Stunden köcheln. Linsen und geschälte Erbsen brauchen etwa eine Stunde; kleine rote Linsen und die zarten grünen Puy-Linsen etwa 20 Minuten. Diese müssen vorher auch nicht eingeweicht werden. Alle Hülsenfrüchte erst nach dem Kochen salzen, sonst bleiben sie hart. Frischer Ingwer, Kümmel, Fenchel, Koriander, Majoran, Liebstöckel, Bohnenkraut, Thymian, Rosmarin, Zitronensaft oder Senf unterstreichen Geschmack und Aroma von Bohnen und Linsen und verhindern das oft gefürchtete »Tönchen nach dem Böhnchen«.

Einweichen vergessen?

- Die vierfache Menge Wasser zum Kochen bringen. Die gewaschenen Hülsenfrüchte zufügen und im offenen Topf ca. zwei Minuten aufkochen lassen. Von der Kochstelle nehmen und zugedeckt eine Stunde stehen lassen. Dann haben Hülsenfrüchte die gleiche Kochzeit wie nach der »Over-Night«-Variante.

Puy-Linsen-Gemüse

1	**Stange Sellerie**
1–2	**Möhren**
1–2	**Zwiebeln**
2 EL	**Olivenöl**
350 g	**Puy-Linsen**
150 ml	**Weißwein**
1 EL	**gekörnte Gemüsebrühe**
1 Zweig	**Thymian**
1	**Lorbeerblatt**
	Salz, schwarzer Pfeffer

- *Gemüse putzen und würfeln und in dem Olivenöl andünsten. Wein zufügen und auf die Hälfte einkochen lassen, Linsen abspülen und mit knapp 1 Liter Wasser, der Gemüsebrühe und den Kräutern dazugeben. 25–30 Minuten garen lassen, mit Salz und Pfeffer abschmecken. Schmeckt lauwarm als Vorspeise oder heiß zu kurz Gebratenem oder Ofenkartoffeln.*

Kein bisschen langweilig

Tipps

- Wenn Kinder mitessen, den Wein durch Gemüsebrühe mit etwas Zitronensaft ersetzen.
- Aus dem Linsen-Gemüse wird zusammen mit kräftigem Bauernbrot ein Hauptgericht, wenn zusammen mit dem Gemüse 100 g Würfelschinken angebraten und mehr Linsen und Flüssigkeit verwendet werden (500 g Linsen, 200 ml Weißwein, 1,5 Liter Wasser).

Die Extraportion Vitamine – frisch von der Fensterbank

Lass es sprießen: Keimlinge voller Biopower

Keimlinge kann man fix und fertig kaufen. Spannender und ganz einfach ist es, Sprossen selbst zu ziehen. Eine echte Bereicherung in der vitaminarmen Winterzeit. So wird's gemacht: Samen oder anderes Keimgut in einem Sieb unter kaltem Wasser waschen, in ein Einmachglas geben und mit der vierfachen Menge Wasser bedecken. Nach etwa acht Stunden das Wasser durch ein Sieb abgießen und Samen, Nüsse oder Kerne mit frischem Wasser abspülen, tropfnass in das Glas zurückgeben und das Glas an einen hellen Platz stellen. Die gesprossenen Keimlinge können im Kühlschrank einige Tage aufbewahrt werden, müssen dann aber weiter regelmäßig gespült werden. Lecker als aromatische Salatzutat, zur Dekoration von Suppen oder für Sandwiches.

Selbermachen ist sicherer

Fertige Sprossen werden im Handel häufig nicht sachgemäß, nämlich gekühlt, gelagert, so dass sich unerwünschte Bakterien in den Folienbeuteln ansiedeln können. Im Zweifelsfall die Sprossen vor dem Rohverzehr kurz in kochendem Wasser blanchieren oder noch besser: Keimlinge selber ziehen!

Die Keimlingtabelle

Das keimt:	Ernte:	Aroma:
Alfalfa (Luzerne)	5–6 Tage	mild-knackig
Kresse	5–6 Tage	scharf
Linsen, Mungbohne, Kichererbse	3–5 Tage	herzhaft-mild
Senf, Rettich, Radieschen	3–4 Tage	scharf
Weizen, Roggen, Hafer, Gerste	2–4 Tage	mild-süßlich
Mandeln, Kürbiskerne	17–20 Std.	nussig-süß
Sonnenblumenkerne, Sesam	12–13 Std.	nussig-süß

Sprossenbrot

1 Scheibe Vollkornbrot
3 EL Magerquark
Linsensprossen oder Alfalfasprossen
Salz und Pfeffer

Das Brot mit dem Quark bestreichen. Nach Geschmack salzen und pfeffern. Linsensprossen oben darauf legen. Sieht schön aus und schmeckt.

Gemüsequalität: Nur wer Gutes kauft, kann auch Gutes kochen

Sinnlich und kritisch einkaufen heißt die Devise. Was für jede italienische Hausfrau und jeden Gourmetkoch selbstverständlich ist, ist hier meist verpönt, vielerorts ist es sogar verboten – das Betasten, Beschnuppern oder gar Probieren der Ware. Ärgerlich, denn nur das Aussehen einer Tomate, Paprikaschote oder Erdbeere sagt über den Geschmack rein gar nichts aus. Handelsklassen werden lediglich nach äußerlichen Kriterien vergeben. Lassen Sie sich nicht abwimmeln und suchen Sie nach Händlern, die sinnliches Einkaufen unterstützen.
Wochenmärkte, der Bauernhof in der Nähe oder kleine Gemüsefachgeschäfte bieten dazu meist die Möglichkeit. Einige Kriterien helfen beim qualitätsbewussten Einkauf:

Frische

Die Ware stammt aus der Region, hat keine langen Transportwege hinter sich, fühlt sich knackig, manchmal »quietschig« an, riecht typisch, hat typische Farbe und ggf. beim Anritzen mit dem Fingernagel feuchte Schnittstellen. Der Spargel zum Beispiel offenbart das Geheimnis seiner Frische vor allem an der Schnittstelle.

Saison

Jahreszeitliches Obst und Gemüse ist normalerweise voll ausgereift geerntet und daher aromatischer als außerhalb der Saison. Wer Tomaten im Winter essen möchte, muss Geschmackseinbußen in Kauf nehmen.

Anbaubedingungen

Die Qualität des Ackerbodens, das richtige Verhältnis von Sonne und Regen, die Sortenwahl und wie die Pflanzen gedüngt oder gespritzt werden, beeinflusst Geschmack und Inhaltsstoffe des Endproduktes. Bio-Gemüse schmeckt fast immer besser als industriell erzeugte Ware, weil nicht Transport- und Erntefähigkeit und das makellose Einheitsaussehen, sondern »innere Werte« der Produkte angestrebt werden. Ein Beispiel: Vergleichen Sie den Geschmack einer rohen, gewaschenen, aber frisch gezupften Biomöhre mit einer aus dem Supermarkt.

Biokost – Qualität auf Nummer Sicher

Bio boomt. Der Wunsch nach möglichst gesundheitsbewusstem Genuss und ein zunehmender Respekt vor der Umwelt und Natur führen immer mehr Verbraucher in den Bioladen.
1991 wurde mithilfe einer EU-Verordnung dem Bio-Schummel Einhalt geboten. Seither sind Begriffe wie »Öko« und »Bio« geschützt. Waren mit dieser Auslobung müssen eine EU-Kontrollnummer tragen und werden von staatlichen Stellen überprüft. Noch weitreichender sind die kontrollierten Anbaukriterien der in der AGÖL (Arbeitsgemeinschaft Ökologischer Landbau) organisierten Betriebe, z. B. Demeter, Bioland. Für Importware wie Südfrüchte, Reis, Gewürze, Tee oder Kaffee gelten die Anbauvorschriften der IFOAM (Internationale Vereinigung biologischer Landbau). Beide Verbände arbeiten nach strengsten Richtlinien: Tiere werden artgerecht gehalten; Gemüse und Obst wird ohne Einsatz von chemischen Hilfsmitteln, Dünger oder Pflanzenschutzmitteln angebaut. Die Pflege des Ackerbodens trägt zur Produktqualität und zum Umweltschutz bei.

Das Gemüse-Abo

Viele Biobauern liefern ihre Produkte direkt ins Haus, einmal wöchentlich erhält der Kunde superfrische Gemüsevielfalt der Saison, auf Wunsch häufig auch Brot, Milch und Eier, direkt vom Erzeuger. Informationen über Bauern, die ins Haus liefern, sind erhältlich bei der Arbeitsgemeinschaft ökologischer Landbau (AGÖL). *Adresse siehe Anhang Seite 127.*

Direkt ab Hof

Der Direktverkauf ab Hof ist für viele Bio-Bauern eine wichtige Einnahmequelle. Vorteil für die Kunden: Vor Ort kann man sich über Anbaumethoden informieren und sich von der Glaubwürdigkeit des Betriebes überzeugen. Eine Broschüre mit 3400 Biohöfen, die direkt vermarkten, ist bei der Verbraucher-Initiative erhältlich. *Adresse siehe Anhang Seite 127.*

Rote Bete Rohkost

300 g Rote Bete, frisch
1 kleiner Apfel
1 Orange
Zitronensaft
4 EL Joghurt
1 EL Sonnenblumenöl
1 TL Honig
Pfeffer
Meerrettich

Orange schälen, weiße Haut abziehen und das Fruchtfleisch würfeln, Saft auffangen. Saft mit Joghurt, Honig, Zitronensaft und Gewürzen zu einer Soße verquirlen. Rote Bete schälen, Apfel schälen und entkernen, alles grob raffeln und mit der Soße und den Orangenstücken vermengen. Mit Meerrettich abschmecken

Fenchel – Rohkost

2 Fenchelknollen mit Grün
1 rosa Grapefruit
1 säuerlicher Apfel
150 g Naturjoghurt
Salz
frischer Ingwer

Grapefruit schälen und das Fruchtfleisch ohne die Häutchen herauslösen, Saft auffangen. Apfel schälen, entkernen und würfeln. Fenchel putzen und in feine Streifen schneiden. Joghurt mit dem Grapefruitsaft verquirlen, mit wenig Salz und etwas geriebenem Ingwer abschmecken und mit den zerkleinerten Zutaten vermengen. Mit Fenchelgrün dekorieren.

Leicht, gesund und unwiderstehlich lecker

Rohkostplatte mit Dips

400 g Möhren
1/2 Staudensellerie
1 Fenchelknolle
je 1 rote und gelbe Paprikaschote
1/2 Salatgurke
400 g Magerquark
250 g fettarmer Joghurt
3 Tomaten
1 Aprikose
Salz
weißer Pfeffer aus der Mühle
1 Beet Kresse
2 EL grüner Pfeffer
2 TL mittelscharfer Senf

Gemüse putzen und in große Stifte schneiden, auf einer großen Platte (im Sommer auf gestoßenem Eis) anrichten. Für die Dips den Quark mit Joghurt glatt rühren und die Menge halbieren. Tomaten und Aprikose mit heißem Wasser überbrühen, häuten und beides fein würfeln. Tomaten- und Aprikosenwürfel unter die eine Hälfte der Quarkmasse heben, mit Salz und weißem Pfeffer würzen, mit Kresse garnieren. Die andere Hälfte mit grob gehacktem grünem Pfeffer und Senf verrühren, ebenfalls mit Salz und weißem Pfeffer abschmecken.

Spargelsalat mit Erdbeeren

Zutaten für 2 Portionen:

250 g	grüner Spargel
2	Frühlingszwiebeln
100 g	Erdbeeren
4 EL	Orangensaft
2 TL	Sojasoße
1 TL	frisch geriebener Ingwer
	schwarzer Pfeffer aus der Mühle
	Salz, Zucker
2 EL	Sonnenblumenöl

▶ *Vom Spargel das untere Drittel schälen, die holzigen Endstücke entfernen und schräg in etwa 2 cm lange Stücke schneiden. Frühlingszwiebeln und Erdbeeren putzen und in dünne Scheiben schneiden. Den Spargel in kochendem Salzwasser etwa vier Minuten blanchieren, abgießen und abkühlen lassen. Aus Orangensaft, Sojasoße, Ingwer, Salz, Pfeffer, Zucker und Öl eine Vinaigrette rühren und die Salatzutaten unterheben.*

Ratatouille

2	mittelgroße, reife Auberginen
2	Zucchini
2	Paprikaschoten, grün oder gelb
250 g	vollreife Strauchtomaten
3 EL	gutes Olivenöl
	Salz, Pfeffer
1 Bouquet	Garni oder
1 EL	Kräuter der Provence
2	Knoblauchzehen

▶ *Tomaten kochend heiß überbrühen und häuten, würfeln. Auberginen schälen und würfeln. Zucchini und Paprika waschen, putzen und in mundgerechte Stücke schneiden. Erst die Auberginen, dann nach und nach das andere Gemüse mit dem Öl anschmoren. Knoblauch dazu pressen, kräftig pfeffern und salzen. Die Kräuter und 1 Tasse Wasser zugeben, alles aufkochen lassen und im geschlossenen Topf ca. 30 Minuten köcheln lassen. Schmeckt heiß, lauwarm und sogar kalt mit Reis, Ofenkartoffeln oder frischem Baguette. Gut zum Einfrieren.*

Zuckerschoten-Erbsen-Salat

Zutaten für 2–3 Portionen:

250 g	Zuckerschoten
2	Tomaten
150 g	tiefgefrorene Erbsen
150 g	Magermilchjoghurt
	weißer Pfeffer aus der Mühle
1 Pr	Zucker
2 Stiele	Minze
	Salz

▶ *Zuckerschoten putzen und waschen. Den Stielansatz der Tomaten herausschneiden und an der runden Seite über Kreuz einmal einritzen. Reichlich Salzwasser aufkochen. Zuerst die Tomaten mit einer Schaumkelle kurz in das Wasser halten, mit kaltem Wasser abschrecken und die Schale abziehen. Dann Zuckerschoten und die noch gefrorenen Erbsen hineingeben, 1 Minute blanchieren, abschrecken und abtropfen lassen. Joghurt mit Salz, Pfeffer und Zucker abschmecken. Die Salatsoße mit dem Gemüse und der Minze verrühren. Das Tomatenfleisch würfeln und darüber streuen.*

Tipps

- ▶ Minze ist nicht überall erhältlich, delikate Alternativen sind Zitronenmelisse oder Basilikum.
- ▶ Der Spargelsalat schmeckt selbstverständlich auch mit weißem Spargel; auch Zuckerschoten kann man verwenden.

Bouquet Garni

▶ Das gebundene Gewürzsträußchen aus einem Zweig Thymian, einem Lorbeerblatt und zwei Stengeln Petersilie ist Bestandteil vieler französischer Rezepte. Man kann es natürlich auch selbst binden. Vor dem Verzehr wird es entfernt.

Antipasti aus Möhren und Lauchzwiebeln

400 g	**Möhren**
2–3 Bd	**Lauchzwiebeln**
	Salz
1 TL	**Fenchelsamen**
1 TL	**Kümmel**
1 TL	**Korianderkörner**
2	**Knoblauchzehen**
1 TL	**Gemüsebrühe, gekörnt**
4 EL	**heller Balsamico oder Weißweinessig**
1 EL	**Honig**
1 TL	**schwarze Pfefferkörner**

Möhren schälen, in Stifte oder Scheiben schneiden und in wenig Salzwasser in ca. 10 Minuten knapp garen, abgießen und in eine Schüssel geben. Mit Fenchel und Kümmel bestreuen.
Lauchzwiebeln putzen, in fingerlange Stücke schneiden und in wenig Salzwasser etwas 5 Minuten knapp garen. Abgießen, in eine zweite Schüssel geben. Korianderkörner und gepellte Knoblauchzehen zugeben. In einem Topf 1/4 Liter Wasser mit Gemüsebrühe, Essig, Honig, Salz und Pfefferkörnern aufkochen und je die Hälfte über jedes Gemüse gießen. Möglichst über Nacht durchziehen lassen. Abgetropftes Gemüse mit frischem Brot servieren.

Gemüsepizza

Zutaten für 1 Blech:

350 g	**Mehl (Typ 1050 oder 550)**
1/2 Päckchen	**frische Hefe**
4 EL	**Öl**
	Salz
1 Prise	**Zucker**
1 Bd	**Suppengrün**
	Öl für das Backblech
je 1/2 Bd	**Oregano und Thymian**
1 kleine Dose	**Tomatensugo (oder selbstgemachtes Sugo)**
1	**Knoblauchzehe**
	schwarzer Pfeffer
150 g	**geriebener Raclettekäse**

Aus Mehl, 200 ml lauwarmem Wasser, Hefe, Öl, Salz und Zucker einen Hefeteig kneten. Zugedeckt in gleichmäßiger Wärme gehen lassen, bis er sein Volumen verdoppelt hat. In dieser Zeit das Suppengrün putzen und in wenig Salzwasser circa 5 Minuten knapp garen. Das Gemüse abgießen und abtropfen lassen. Den Backofen vorheizen (225 °C, Gas Stufe 4). Den Hefeteig noch einmal zusammenkneten und auf einem gefetteten Backblech ausrollen.
Tomatensugo mit Kräutern, Salz, Pfeffer und der durchgepressten Knoblauchzehe würzen und auf dem Teig verteilen. Das Gemüse und den Käse darüber verteilen und die Pizza 20–30 Minuten backen.

Pizza: auch vegetarisch delikat

Tipps

- Für den Belag eignen sich außerdem Zucchini, Fenchel, Porree, Champignons, Bleichsellerie, weiße, rote und Gemüsezwiebeln, Zuckermais, Chicorée, Mangold und Spinat.
- Als Käse eignen sich z. B. Mozzarella, Emmentaler, frischer Parmesan, Gouda, Bergkäse, Knoblauchgouda, Feta.

Kürbissuppe

Zutaten für 6 Teller:

800 g	**Kürbis**
1	**kleine Zwiebel**
1–2 EL	**Sonnenblumenöl**
600 ml	**Gemüsebrühe, evtl. mehr**
6 EL	**saure Sahne (10%)**
	Curry
	gehackte Petersilie

Kürbis entkernen, schälen und grob würfeln. Zwiebeln fein würfeln und im Fett glasig dünsten. Kürbis und Brühe zugeben, zugedeckt ca. 10 Minuten kochen. Mit einem Schnellmixstab fein pürieren, mit reichlich Curry abschmecken. Auf Teller füllen, je einen Esslöffel saure Sahne in die Mitte geben und mit Petersilie garnieren.

Sieht nicht nur schön aus, sondern schmeckt auch gut

Variationen

Schmeckt am besten mit Hokkaido. Statt mit Kürbis kann diese Suppe auch mit Zucchini zubereitet werden, dann statt Curry mit Basilikum würzen. Statt Petersilie schmecken auch frische Sprossen.

Paprikacremesoße

3	**rote Paprikaschoten**
2	**Schalotten**
1	**Knoblauchzehe**
1 EL	**Olivenöl**
1/4 l	**Brühe**
1 Zweig	**Rosmarin**
	Cayennepfeffer, Salz, Zucker

Den Ofen auf hohe Stufe auf Oberhitze vorheizen. Paprika putzen und längs vierteln. Nebeneinander auf ein Backblech legen und auf der 2. Einschubleiste von oben etwa 5 Minuten rösten, bis die Haut schwarz wird und Blasen wirft. Die Schoten aus dem Ofen nehmen und ein feuchtes Tuch darüber legen. Von den abgekühlten Schoten die Haut mit einem Küchenmesser abziehen und grob würfeln. Schalotten und Knoblauchzehe pellen, würfeln und im heißen Öl einige Minuten dünsten. Paprika, Brühe und Rosmarinzweig zugeben und 10 Minuten garen. Den Rosmarinzweig herausnehmen, die Soße mit dem Pürierstab fein pürieren. Mit Cayennepfeffer, Salz und einer Prise Zucker abschmecken. Die Soße passt zu gefülltem Gemüse, Geflügel und Fisch.

Gemüsebrühe selbst gemacht

Instant-Gemüsebrühe ist praktisch. Besonders edel ist es, Gemüsebrühe selbst herzustellen. Dafür röstet man etwa eine Handvoll Gemüsewürfel, z. B. Möhren, Zwiebeln, Knollen- oder Bleichsellerie, Porree, Petersilienwurzel, in wenig Öl an und füllt mit 1/4 l Wasser auf. Das Gemüse langsam zum Kochen bringen und bei milder Hitze etwa 25 Minuten kochen. Das Gemüse dann abgießen, mit Salz und Pfeffer würzen. Man kann auch größere Mengen kochen und portionsweise einfrieren.

Tipps zur Paprikacremesoße

- Dekorativ ist es, zwei verschiedenfarbige Paprikasoßen auf dem Teller ineinander laufen zu lassen.
- Mit Chilis und mehr Flüssigkeit lässt sich eine spanische Paprikasuppe herstellen.

Flüssiges –

Rund ums Trinken

Ohne Wasser kein Leben

Prickelnde Vielfalt – Wasser testen

Wasser, der ursprünglichste und natürlichste Durstlöscher überhaupt, ist so vielfältig wie die abertausenden Quellen in aller Welt, aus denen es entspringt. Die Herkunft bestimmt die Zusammensetzung der enthaltenen Mineralstoffe und zusammen mit natürlicher oder zugesetzter Kohlensäure den Geschmack – und der kann sehr unterschiedlich sein. In New York – Trendsetter in Sachen fitnessbewusster Lebensweise – können Durstige sogar in speziellen Mineralwasser-Bars aus hunderten von verschiedenen Sorten auswählen.

Machen Sie doch einmal Ihre eigene Mineralwasser-Probe! Besorgen Sie sich dazu verschiedene Wässer – Mineral-, Heil-, Quell- und Tafelwässer –, die auch gerne etwas »exotischer« sein dürfen. Bei der Auswahl sollten Sie auf eine gute Mischung aus kohlensäurehaltigen und stillen Wässern und auf möglichst unterschiedliche Herkunftsregionen achten. Für den Test Wässer kühl, aber nicht eisgekühlt bereitstellen. Wichtig: Mindestens eine Stunde vor dem Test bitte nichts essen oder trinken und nicht rauchen, um das Geschmacksempfinden nicht zu beeinträchtigen.

So testen Sie: Wählen Sie die erste Wassersorte aus. Trinken Sie zunächst einen großen Schluck und behalten diesen im Mund, bis die Kohlensäure versprudelt ist. Erspüren Sie dabei: feine oder große Kohlensäurebläschen, pieksendes Gefühl auf der Zunge, an den Wangenschleimhäuten, am Zahnfleisch, Kribbeln in der Nase, im Hals, veranlasst zum Aufstoßen, lässt die Augen tränen, durstlöschend und frisch, angenehm oder unangenehm.

Wasser ist nicht gleich Wasser – Zusammensetzung und Geschmack sind verschieden

Wenn die Kohlensäure vergangen ist, erschließt sich der typische Geschmack: z. B. frisch, fein salzig, sehr salzig, säuerlich, rein, geschmacklos, muffig, fade, leicht bitter, würzig.

Probieren Sie nacheinander mehrere Wässer und vergleichen Sie. Welche Kombination aus Kohlensäure und Geschmack gefällt Ihnen am besten, welche am wenigsten? Vielleicht finden Sie einen neuen Favoriten?

Gesellige Anregung

- Führen Sie den Test einmal im Freundeskreis oder in der Familie durch. So können Geschmacksempfindungen und Eindrücke besprochen und dadurch nachhaltiger wahrgenommen werden.

Auf die Menge kommt es an …

Lieber etwas mehr

»Trink, trink, Brüderlein, trink!« Dieses Motto – natürlich für alkoholfreie Getränke – gilt fürs Schwesterlein selbstverständlich ebenso. Alle, die mehr für ihr Wohlbefinden und ihre Figur tun wollen, können sich diesen Slogan auf die Fahnen schreiben.

Während beim Abnehmen häufig »weniger« gefordert ist, darf es hier gerne »ein bisschen mehr« sein.

Viel zu trinken hat viele Vorteile. Warum genau ist die »volle Pulle« so gefragt?

Wellness
Flüssigkeit ist der Treibstoff für unseren »Lebensmotor«. Nur durch ausreichendes Trinken kann das Wohlbefinden erhalten werden. Denn die Flüssigkeit befördert die Stoffe im Körper dorthin, wo sie gebraucht werden. So wird z. B. auch Kopfschmerzen vorgebeugt, deren Ursache Flüssigkeitsmangel sein kann.

Leistungskraft
Trinken stärkt die Leistungskraft, gibt Energie und Anschub. Körper und Geist werden erfrischt.

Reinigung
Stoffe, die im Körper nicht mehr gebraucht werden oder schaden könnten, werden durch die Flüssigkeit schnellstmöglich abtransportiert. Werden beim Abnehmen körpereigenes Fett und Protein abgebaut, müssen die Nieren auf Hochtouren arbeiten. Mit reichlich Flüssigkeit haben sie es leichter, die Stoffe wieder auszuschwemmen.

Richtiges Trinken hält fit und schön

Satt werden
Flüssigkeit füllt den Magen. Wer vor und während des Essens trinkt, signalisiert dem Magen mehr Inhalt. Untersuchungen haben ergeben, dass schlanke Personen viel Kalorien sparen, weil sie die Getränke richtig auswählen. Übergewichtige nehmen im Durchschnitt dreimal so viel Kalorien durch Getränke auf wie Schlanke. Richtiges Trinken hilft also dabei, schlank zu werden und zu bleiben.

Durst spüren

▸ Versuchen Sie einmal bis zum Nachmittag sehr wenig oder bewusst gar nichts zu trinken. Wie fühlt sich Ihr Durst an? Klebriger Mund, Abgeschlagenheit, Unkonzentriertheit, Hungergefühl, Mattigkeit, Halsweh, Kopfschmerzen – oder wie sonst?
Trinken Sie dann mit geschlossenen Augen ein großes Glas kühles Wasser und spüren Sie, wie der »Lebensquell« durch Ihren Körper strömt.

Wie viel ist genug?

»Ich habe aber gar keinen Durst«, – das bekommen Ärzte oder Ernährungsberaterinnen häufig zu hören. Die Erklärung hierfür: Im Erwachsenenalter lässt das Durstgefühl nach. Manch einer vergisst deshalb das Trinken ganz einfach, obwohl der Körper eigentlich Flüssigkeit bräuchte. Von den Kindern lässt sich lernen: Durst ist für sie ein vorrangiges Bedürfnis. Sie trinken häufig – auch zwischen den Mahlzeiten.

Bei einigen Menschen ist die Durstwahrnehmung fehlgeleitet. Statt Durst empfinden sie Hunger oder Appetit. Richtiges Trinken und reichliches Trinken kann man sich antrainieren. Wer häufig zwischen den Mahlzeiten isst und damit sein Wohlfühlgewicht gefährdet, könnte es mit einem Trick probieren: Trinken statt Essen.

Ein gesunder Mensch kann nicht zu viel trinken. Was der Körper nicht benötigt, wird über den Harn wieder ausgeschieden. Ernährungswissenschaftler empfehlen, mindestens 1 1/2 bis zwei Liter über den Tag verteilt zu trinken. Das sind ungefähr acht bis zehn Trinkportionen, Becher, Gläser oder Tassen täglich. Bei großer Hitze oder beim Sport liegt der Bedarf sehr viel höher. Wer z. B. eine Stunde intensiv Sport treibt, benötigt zusätzlich circa ein Liter Flüssigkeit.

So geht's:
Lassen Sie Ihren tristen Getränke-Alltag einmal hinter sich und probieren Sie neue Getränke aus, um auf den Geschmack zu kommen.
Stellen Sie etwas zu trinken dort auf, wo Sie häufig hinsehen, z. B. auf den Schreibtisch, Küchentisch oder Wohnzimmertisch. Etwas Flüssiges sollte immer verfügbar sein.
Planen Sie zu allen Mahlzeiten ausreichend Getränke ein. Trinken Sie vor oder zu jeder Mahlzeit mindestens ein Glas Mineralwasser oder ein anderes geeignetes Getränk.
Für Vergessliche: Erinnern Sie sich täglich an das Trinken, z. B. durch einen Zettel an der Kühlschranktür oder an der Pinnwand. Stellen Sie sich schon morgens die Menge bereit, die Sie täglich trinken wollen.

So verlockend können Durstlöscher aussehen

Trinkbeispiel

Mein Trinktagebuch

Wissen Sie, wie viel Sie trinken? Wenn Sie unsicher sind, führen Sie eine Woche lang Ihr persönliches Trinktagebuch.

Führen Sie dazu eine tägliche Strichliste, auf der Sie jedes Getränk, das Sie zu sich nehmen, festhalten. Zählen Sie jeweils am Abend die Anzahl der Trinkportionen zusammen und berechnen Sie die Flüssigkeitsmenge.
Zahlen Sie am Ende der Woche die Anzahl der Trinkportionen und die Flüssigkeitsmenge in ml zusammen.

Trinkbeispiel für etwa zwei Liter täglich:

Morgens
1 Glas verdünnten Fruchtsaft
2 große Tassen Tee

Vormittags
1 Glas Mineralwasser

Mittags
2 Gläser Mineralwasser

Nachmittags
2 große Tassen Tee

Abends
2 Becher Früchtetee

Führen Sie ihr Trinktagebuch sieben Tage lang. Nach einer Woche wissen Sie genau, wie viel Sie täglich trinken. Ist das zu viel oder eher zu wenig? Überdenken Sie, wie Sie Ihre tägliche Trinkmenge gegebenenfalls noch erhöhen können. Wohlbefinden und Figur werden es Ihnen danken.

Beispiel für eine Tagesstrichliste:

Tassen ______
Biergläser ______
Saftgläser ______
Weingläser ______
Sektgläser ______
Becher ______
Anzahl der Trinkportionen ______
Flüssigkeitsmenge in ml ______

Berechnungshilfe:

1 Becher	250 ml
1 Bierglas	300 ml
1 Saftglas	200 ml
1 Tasse	150 ml
1 Weinglas	150 ml
1 Sektglas	100 ml

1000 ml = 1 Liter

… und auf die Auswahl

Von federleicht bis schwer

Wenn Sie Ihr Wohlfühlgewicht erreichen oder halten wollen, können Sie alle Getränke mit dem grünen Federleichtpunkt unbeschwert und in unbegrenzten Mengen genießen.

Gelbe Balancepunkte kennzeichnen Getränke, die maßvoll getrunken werden können – etwa drei Portionen pro Tag.

Getränke mit rotem Schwerpunkt sind natürlich auch erlaubt, aber beim Abnehmen bitte nicht mehr als eine Tasse, Glas oder Becher pro Tag – Ausnahmen bestätigen die Regel.

Überdenken Sie einmal Ihre bisherige Getränkeauswahl. Vielleicht können Sie häufiger auf grüne Federleicht-Getränke umsteigen?

Wasser – immer noch das Beste

Darf es etwas Zuckerwasser sein?

Schon gewusst?
37 Stücke Würfelzucker sind in einem Liter Cola versteckt! In Limonaden kaum weniger.

Getränke mit grünem Federleichtpunkt

- Mineralwasser, Quellwasser, Tafelwasser, Heilwasser
- Leitungswasser, z. B. selbst aufbereitet mit Sodawasserbereiter
- Wasser mit »Saftschuss«, z. B. 3/4 Mineralwasser und 1/4 Apfelsaft oder Johannisbeersaft
- schwarzer und grüner Tee
- Getreidekaffee, z. B. Malzkaffee
- Früchtetee
- Kräutertee, z. B. Rotbuschtee, Lemongras oder Minze
- Brühe, fettarm

Getränke mit gelbem Leichtpunkt

- Saftschorle, z. B. Hälfte Orangensaft, Hälfte Wasser
- Weinschorle
- Gemüsesaft, z. B. Tomatensaft / Möhrensaft
- alkoholfreies Bier, alkoholfreier Wein, alkoholfreier Sekt
- Kaffee, auch mit wenig fettarmer Milch und Zucker
- Milchkaffee, Cappuccino
- »Light«-Bier
- Buttermilch, Molkegetränke
- Diätsäfte und Fruchtsaftgetränke mit Süßstoff
- Cola »light«, Limonaden »light«

Getränke mit rotem Schwerpunkt

- Limonaden, Colagetränke
- Fruchtsaftgetränke
- Energy-Drinks mit Zucker
- Unverdünnte Säfte, z. B. Orangensaft, Apfelsaft, Traubensaft, Multivitaminsaft
- Nektare, z. B. Aprikosennektar oder Johannisbeernektar
- Trinkmilch (3,5 % Fett), Vorzugsmilch, Rohmilch, Trinkmilch fettarm (1,5 % Fett)
- Wein, Sekt, Bier, Cidre, Apfelwein, Malzbier
- Likör, Branntwein, Whisky, Sherry
- Bowle, Cocktails
- Kakao
- Fertige Eistees, Instant-Eistees

Ein paar Worte zum reizvollen Kaffee

Ein gemütliches Kaffeekränzchen im sommerlichen Garten oder ein Tee am Kamin bei Schnee und Eis – das ist nicht nur reine Geschmackssache, sondern auch ein Stück Kultur. Man denke nur an die Kaffeehäuser von Wien oder die japanische Art, den Teegenuss zu zelebrieren.

Kaffee und Tee enthalten keine Kalorien und gelten deshalb als figurfreundliche Getränke. Ihre anregende Wirkung hilft zudem über manche schlappe Stunde und manches Leistungstief hinweg. Doch nicht nur der Gemütlichkeit wegen oder speziell gegen Müdigkeit: Häufig trinken Menschen die Muntermacher auch aus reiner Gewohnheit zum Frühstück, zu jeder Dienstbesprechung, in jeder Pause, nach jedem Essen… Im Laufe des Tages kommen unter Umständen beträchtliche Mengen zusammen. Hat man parallel dazu noch wenig gegessen, können Herz und Kreislauf ganz schön aus den Fugen geraten: Herzklopfen, Nervosität, Schwindel, Magendrücken, Übelkeit oder zusätzlich noch Schlaflosigkeit signalisieren ein Zuviel des Guten. Langfristig werden Müdigkeitsgefühle durch zu reichlichen Kaffee- oder Teekonsum sogar noch verstärkt.

Bestimmte Bestandteile aus Kaffee und Tee (Tannine und Chlorogensäure) verschlechtern die Aufnahme des Mineralstoffs Eisen – Kaffee um 40 % und Tee um 60 %. Eisen ist aber im Blut für die Versorgung des gesamten Körpers mit Sauerstoff zuständig. Eisenmangelzustände sind gerade bei Frauen nicht selten die Ursache für Abgeschlagenheit. Gut mit Eisen versorgt und dadurch »gut belüftet« fühlen Sie sich einfach fitter. Für das Wohlbefinden sind allzu große Kaffee- oder Schwarzteemengen also eher abträglich.

Aberglaube

Dass Kaffee einen schnelleren Abbau von Alkohol im Körper bewirkt, ist falsch gedacht. Man wird durch Kaffee wacher, aber nicht nüchtern.

Produkt	Menge	Koffeingehalt
Filterkaffee	Tasse 125 ml	60–100 mg
Espresso	Tasse 50 ml	50–60 mg
Löslicher Kaffee	Tasse 125 ml	60–100 mg
Entkoffeinierter Kaffee	Tasse 125 ml	1–4 mg
Schwarzer Tee (3 Min.)	Tasse 125 ml	10–25 mg
Kakao	Tasse 150 ml	2–6 mg
Energy Drink	Dose 250 ml	80 mg
Cola	Dose 330 ml	40 mg
Zartbitter-Schokolade	Tafel 100 g	10–75 mg

Koffeingehalte

Koffein – in Kaffee, in geringerem Maß aber auch in Tee enthalten – reduziert ähnlich wie Alkohol zudem die Fähigkeit des Körpers, Flüssigkeit aufzunehmen. Kaffee treibt und entzieht dabei dem Organismus wichtige Mineralstoffe wie z. B. Calcium. Nicht umsonst wird in Italien, Österreich oder Frankreich der Espresso gerne mit einem Glas Leitungswasser serviert. Das Wasser ist gegen den Durst, der kleine Schwarze für den Geschmack.

Beim Abnehmen kann zu viel Kaffee ebenfalls Schwierigkeiten bereiten. Denn einige Reizstoffe regen die Produktion von Magensäure an – es entsteht ein zusätzliches Hungergefühl.

Drei Tassen Kaffee oder fünf Tassen Tee am Tag schaden normalerweise nicht. Bei dieser Menge fallen auch ein Stück Zucker oder ein Schuß Milch nicht »ins Gewicht« und sind unproblematisch.

Reizstoffarmer Kaffee enthält weniger Stoffe, die bei magen-, leber- und galleempfindlichen Menschen Unverträglichkeiten verursachen können. Entkoffeinierter Kaffee ist eine Alternative für Herz- und Kreislaufempfindliche.

Sekt oder Selters?

Bei vielen Menschen unseres Kulturkreises gehören alkoholische Getränke fast wie selbstverständlich zum Alltag dazu. »Ein Gläschen in Ehren« oder auch mehrere fördern die Entspannung, erhöhen die Gemütlichkeit und lassen den Alltagsstress scheinbar verblassen.

Macher-Cocktail

Macher

Zutaten für 1 Glas:

1 Kiwi
50 ml Tomatensaft
ein Spritzer Worcestershire-Soße
Mineralwasser zum Aufgießen
2 Cocktailtomaten
ein Holzspießchen für die Dekoration

Die Kiwi schälen, längs halbieren. Die eine Hälfte für die Deko längs in drei Spalten schneiden. Die andere Hälfte mit dem Tomatensaft pürieren, mit etwas Worcestershire-Soße abschmecken und mit Mineralwasser aufgießen. Für die Dekoration die Cocktailtomaten waschen und im Wechsel mit den Kiwispalten auf das Holzspießchen stecken. Dekoration quer über das Glas legen.

Bei Einladungen, Restaurantbesuchen oder Festen ist der »Stimmungsmacher« Alkohol kaum wegzudenken. Ein frisch gezapftes Bier an einem lauen Sommerabend, ein guter Wein in gemütlicher Runde oder ein Glas Sekt zum Anstoßen sind ja auch ein Stück Genuss und Lebensfreude. Beides zu kultivieren, ist das Ziel eines figurfreundlichen Ernährungs- und Lebensstils. Natürlich kann man auch ohne Alkohol gut leben. Aber die generelle Forderung nach einem Totalverzicht ist übertrieben und für viele Menschen nicht realisierbar.

Was hat Alkohol mit dem Gewicht zu tun? Alkoholische Getränke liefern viel Energie in Form von Kalorien, ohne dem Körper wertvolle Nährstoffe zuzuführen. Insbesondere hochprozentige Alkoholika sind wahre Kalorienbomben. In Deutschland stammen bei Frauen ca. 8 % und bei Männern ca. 12 % der täglich aufgenommenen Nahrungsenergie aus Alkohol! Alkohol verringert die Fettverbrennung und begünstigt die Umwandlung der Nahrungsfette in Körperfett. Wenn Alkohol getrunken wird, wird dieser vom Körper zuerst verwertet. Der Körper benötigt die »Fett-Energie« aus Chips oder aus der Sahnesoße nicht mehr, weil er schon Energie aus Alkohol gewonnen hat, sondern speichert sie als Speckpolster ab. Außerdem regt Alkohol den Appetit an.

Deshalb genießen Sie lieber häufiger alkoholfreie Getränke, am besten mit dem Federleichtpunkt. Genießen Sie Alkohol möglichst nur zu besonderen Anlässen, aber dann ohne schlechtes Gewissen. Wenn Ihr Gastgeber es allzu gut meint mit dem Nachschenken, sollten Sie immer ein halbvolles Glas vor sich stehen haben – oder spritzen Sie leichten Wein mit Mineralwasser. Wen es bei dem Gedanken schüttelt, seinen »edlen Tropfen« zu verwässern, genießt ein bis zwei kleine Gläser pur und reichlich Mineralwasser gegen den Durst extra.

Stichwort »Bierbauch«
Ein halber Liter Bier hemmt die Verbrennung von 16 g Fett. Das addiert sich bei einem Glas pro Tag auf knapp 6 Kilo Übergewicht pro Jahr.

Kleine Wasserkunde

Nicht jedes Wasser, das in Flaschen verkauft wird, ist natürliches Mineralwasser. Die Mineral- und Tafelwasserverordnung unterscheidet:

Natürliches Mineralwasser

Es stammt aus unterirdischen, vor Verunreinigungen geschützten Wasservorkommen. Der typische Gehalt an Mineralstoffen ist auf dem Etikett aufgeführt. Jedes Mineralwasser hat eine amtliche Anerkennung. Dafür muss es zahlreiche Bedingungen erfüllen und ernährungsphysiologische Wirkungen wissenschaftlich nachgewiesen haben. Im Restaurant darf Mineralwasser nicht offen ausgeschenkt werden, sondern muss mit der Flasche serviert werden.

Natürliches Heilwasser

Wie natürliches Mineralwasser wird es direkt an der Quelle abgefüllt. Aufgrund seiner Zusammensetzung besitzt Heilwasser heilende, lindernde und vorbeugende Wirkungen. Diese Wirkungen, so genannte Heilanzeigen, sind wissenschaftlich nachgewiesen und auf dem Etikett vermerkt. Heilwasser kann auch von Gesunden unbedenklich in größeren Mengen getrunken werden.

Quellwasser

Lebensmittelrechtlich ist es dem Trinkwasser gleichgestellt und darf deshalb natürlich auch keine schädlichen Stoffe enthalten. Jedoch benötigt es keine amtliche Anerkennung und muss auch keine gesundheitlichen Wirkungen haben.

Tafelwasser

Hierbei handelt es sich um kein Naturprodukt, sondern um eine Mischung verschiedener Wasserarten, Mineralwasser, Trinkwasser, Natursole, Meerwasser, denen Kohlensäure, Salz und einige andere Zusatzstoffe beigemischt werden dürfen. Gesundheitsfördernde Wirkungen müssen nicht nachgewiesen sein.

Enteisent …

… ist ein Mineral- oder Heilwasser, dem Eisen entzogen wurde, um unschöne Trübungen in der Flasche zu verhindern. Falsch ist die Annahme, durch den Genuss dieses Wassers würde dem Körper der wertvolle Mineralstoff Eisen entzogen.

Mehr Mineralien?

Gesundheitsfördernde Wirkungen können für manche ein Auswahlkriterium sein:

- Wer wenig Milch und Milchprodukte verzehrt oder osteoporosegefährdet ist, kann durch das Trinken kalziumhaltigen Wassers (Kalziumgehalt mindestens 150 mg/l) seine Kalziumzufuhr verbessern.
- Magnesiumhaltiges Wasser (Magnesiumgehalt mindestens 50 mg/l) ist empfehlenswert für alle Sportlichen, Alltagsgestressten und beugt nächtlichen Wadenkrämpfen vor.
- Bicarbonathaltiges Wasser (Hydrogencarbonat mindestens 600 mg/l) wirkt ausgleichend bei Sodbrennen und übersäuertem Magen.
- Ein hoher Natriumgehalt im Wasser kann für Menschen mit erhöhtem Blutdruck ungünstig sein. In bestimmter Kombination mit dem enthaltenen Chlorid kann es hier zur Blutdrucksteigerung kommen. Wer ganz sicher gehen will, bevorzugt Wässer mit dem Aufdruck »geeignet für eine natriumarme Ernährung«.

Kühle Frische

Leitungswasser trinken?

Ja bitte! In vielen Regionen Deutschlands ist die Qualität gut. Ausnahmen: Pestizidrückstände oder hohe Nitratgehalte. Fragen Sie in Ihrer Verbraucher-Zentrale oder Ihrem örtlichen Wasserwerk nach der aktuellen Wasserqualität. Testergebnisse von Geräten, mit denen Sie Sodawasser selber machen können, liegen dort ebenfalls vor. Haben Sie alte Bleirohre oder neue Kupferrohre im Haus? Dann muss das Wasser vorher auf seine Unbedenklichkeit hin untersucht werden.

Neue Trinkgenüsse

Immer nur dasselbe zu trinken, kann ganz schön langweilig sein. Hier geht es darum, Ihre Phantasie anzuregen. Denn nicht nur stille Wasser sind tief…
Lassen Sie sich dazu verführen, Neues zu probieren. Abwechslung ist gefragt, um auf mehr Trinkgenuss zu kommen. Nicht immer, aber vielleicht immer öfter?

Kräutertees

Bei vielen Menschen haben Kräutertees völlig zu Unrecht einen schlechten Ruf. Denn neben dem altbekannten und bei vielen nicht sonderlich beliebten Kamillentee gibt es inzwischen ein riesengroßes Angebot. In Kräuter-, Tee-, Bioläden, Reformhäusern oder Apotheken ist eine Vielzahl von Tees erhältlich. Lassen Sie sich beraten oder einfach vom Angebot inspirieren. Sehr lecker sind viele fertige Teemischungen, erfrischend-belebender Frühstückstee, eher besänftigender Abendtee, ayurvedische Teemischungen, die zahlreiche aromatische Gewürze enthalten. Probieren Sie doch einmal!

Ägyptische Minze (Nana Minze, Krause Minze)
Enthält im Gegensatz zur Pfefferminze keine heilenden Stoffe und kann daher unbegrenzt genossen werden. Sein Aroma erinnert an den Spearmint-Geschmack, den Sie vielleicht vom Kaugummi her kennen.

Lemongras (Zitronengras)
Schmeckt, wie der Name schon sagt, zitronig frisch und kann auch kalt getrunken werden.

Rooibostee (Rotbusch, Massai)
Der aus Südafrika importierte Tee enthält keine anregenden Stoffe und ist sehr aromatisch und bekömmlich. Die ideale Alternative für alle, die den Schwarzteegeschmack lieben und auf Koffein verzichten wollen oder müssen. Angeboten wird er ohne Zusätze oder aromatisiert z. B. mit Honig, Vanille, Pfirsich, Orangenöl oder Malvenblüten. Schmeckt auch kalt als Eistee.

Verbene (Duftendes Eisenkraut)
Hat ebenfalls ein fruchtig-zitroniges Aroma, ist eisenreich und schmeckt auch sehr lecker gemischt mit Lemongras.

Tee mit Aromastoffen?

Es gibt Tees mit künstlichen und natürlichen Aromastoffen. Sinnvoll ist es, Tees mit natürlichen Aromen, also echte Öle, Blüten oder Früchte der entsprechenden Pflanze, zu bevorzugen. Geschmacksstoffe aus dem Chemielabor erkennen Sie an dem Hinweis »aromatisiert« oder dem Wort »Aroma« in der Zutatenliste auf der Verpackung.

Verlockende Vielfalt – Kräutertees

Eine schöne Tasse Tee wärmt von innen und von außen

Grüner Tee

Grüner Tee – aus der gleichen Pflanze, aber nur getrocknet, nicht fermentiert – ist verträglicher als der schwarze Tee. Er ist zur Zeit das »Modegetränk«, dem viele Heilwirkungen zugesprochen werden. Es gibt ihn in zahlreichen Geschmacks- und Qualitätsunterschieden.
Traditionell wird grüner Tee unter anderem in China, Japan und Korea getrunken und unter so klangvollen Namen wie Bancha, Sencha, Dung oder Dragon angeboten.
Anders als andere Sorten wird grüner Tee mit nur 70 °C heißem Wasser aufgegossen. Dazu frisch gekochtes Wasser 7–8 Minuten abkühlen lassen, dann die Teeblätter übergießen und maximal 2–3 Minuten ziehen lassen. Die abgegossenen Teeblätter nicht wegwerfen, sie können bis zu dreimal am Tag neu aufgegossen werden. Kenner behaupten, der Teegeschmack würde dadurch noch feiner, da die Bitterstoffe mit jedem Aufguss ein wenig mehr herausgewaschen werden.

Guter Geist

Tee weckt den guten Geist und die weisen Gedanken. Er erfrischt Deinen Körper und beruhigt Dein Gemüt. Bist Du niedergeschlagen, wird Tee Dich ermutigen.
Kaiser Tsching-Nung, 2000 Jahre v. Chr.

Rezepte für kalte Tage

Yogi-Tee

Besonders wohltuend an kalten Winterabenden und eine leckere Alternative zum Kaffee – gerade in der Adventszeit, denn er enthält typische Weihnachtsgewürze.

Einen schwach gehäuften Esslöffel Yogitee-Mischung mit einem Liter Wasser in einem geschlossenen Topf ca. 25–30 Minuten köcheln lassen. Danach 1/4 Liter Milch (1,5 % Fett) dazugeben und heiß werden lassen. Abseihen und evtl. mit Honig süßen.

Fruchtig-frisch ohne Promille

Apfelpunsch

1/2 l naturtrüber Apfelsaft
1/2 l Wasser
1 Zitrone (unbehandelt)
6 Nelken
1 Zimtstange

Die Zitrone heiß abwaschen und mit einem scharfen Messer spiralförmig so schälen, dass das Fruchtfleisch unversehrt bleibt. Saft auspressen und beiseite stellen. Apfelsaft und Wasser mit Zitronenschale, Nelken und Zimtstange erhitzen und 5–10 Minuten ziehen lassen. Gewürze entfernen und mit dem Zitronensaft abschmecken. Heiß servieren.

Fruchtbowle

100 g Früchte der Saison (Erdbeeren, Pfirsiche, Kiwi, frische Ananas)
1/2 Zitrone
1/8 l Apfelsaft ohne Zuckerzusatz
Mineralwasser nach Geschmack
Eiswürfel

▸ *Früchte putzen bzw. waschen, zerkleinern und in ein Bowleglas legen. Mit etwas Zitronensaft beträufeln. Dann mit dem gut gekühlten Apfelsaft übergießen und mit Mineralwasser auffüllen. Eiswürfel hinzugeben.*

Fruchtig und frisch

Kalter Früchteteepunsch

▸ *Kräftigen Früchtetee kochen, abkühlen lassen und mit Apfel- oder Orangensaft mischen, eventuell mit wenig Zucker süßen. Eisgekühlt genießen!*

Gefrorene Früchtchen

▸ Eiswürfel werden zu hübschen Dekorationen, wenn Sie beim Herstellen frische Früchte bzw. Fruchtstücke in die Eiswürfelfächer legen.

Grundrezept für Eistee

Fertige Eistees enthalten sehr viel Zucker. Hier gibt es ein Rezept, bei dem Sie die Zuckermenge selbst begrenzen können, so wird der Durst nachhaltiger gelöscht. Grundsätzlich können alle Teesorten verwendet werden. Gerade Früchte- und Kräutertees schmecken eisgekühlt sehr erfrischend.

600 ml starker Tee
1/2 Zitrone, Süße nach Geschmack (z. B. Zucker, Ahornsirup, Honig)
Eiswürfel

▸ *Tee je nach Sorte zubereiten und ziehen lassen. Dabei die doppelte Menge an Teeblättern verwenden. Den Tee abgießen und nach Geschmack süßen und mit Zitronensaft abschmecken. Gläser randvoll mit Eiswürfeln füllen, einen Metalllöffel hineingeben, damit das Glas nicht springt, und den heißen Tee darauf gießen. Sofort eiskalt servieren.*

Polynesischer Eiswein

(nach AOK-Broschüre »Sehr zum Wohl ohne Alkohol«)
Zutaten für einen Saftkrug:

2 Flaschen eisgekühlter weißer Traubensaft
2 Flaschen eisgekühltes Mineralwasser mit viel Kohlensäure
3 unbehandelte Zitronen
4 Stücke Würfelzucker
Eiswürfel

▸ *Zitronen gründlich abwaschen und abtrocknen, die Zuckerstückchen an der Zitrone reiben, bis sie ganz gelb sind. Eiswürfel in einen schönen Glaskrug geben. Traubensaft darüber gießen, Zuckerstückchen zugeben und mit dem Mineralwasser auffüllen. Eine Zitronenspirale schneiden und zur Dekoration an den Rand hängen.*

Sattmacher –

Kartoffeln, Nudeln & Co.

Sich genüsslich satt essen und schlank bleiben? Stärkehaltige Speisen machen es möglich.

Erinnerung an das Wesentliche

Eine Schale voll duftendem Reis, eine reichliche Portion Couscous, ein gehäufter Teller goldgelber Maisgrieß, das Schlürfen runder Nudeln und der wunderbare, erdige Geschmack von Kartoffeln: Sie haben keinen Grund, darauf zu verzichten. Die Pasta, und damit sind nicht nur die Nudeln gemeint, hält Leib und Seele zusammen, heißt es in der italienischen Küche. Was für die einen als Beilage abschätzig beäugt wird, ist für die anderen der Höhepunkt und fast schon eine vollständige Mahlzeit. Sich auf das Wesentliche, das Sattmachende zu konzentrieren, ist eine Essphilosophie, die Ihr Gewicht hält.

Lassen Sie sich in eine Villa in der Nähe von Mailand einladen. Dort wohnt ein bekannter Designer, als Ästhet auf sein Aussehen bedacht. Seine Kunst ist wie seine Wohnung und sein Lebensstil: puristisch und edel, einfach, aber von allerbester Qualität und gerade genug zum guten Leben. Wenn wie heute Gäste da sind, wird nach seinem Geschmack fast schon ein bisschen viel aufgetischt, aber nur vom Feinsten.

Knusprige dünne Stangen oder weiches weißes Brot, kein Essen beginnt in Italien ohne Brot, die richtige Grundlage für das besondere Glas Wein und das Gespräch.

Der erste Gang: Rucola auf Tomaten mit ein paar hauchdünnen Blättern frischem Parmesan oben drauf, ein Löffelchen Olivenöl und Balsamico, fast schon zu viel der Gaumenfreuden. Wasser wird nachgeschenkt. Die erste Stunde ist im Gespräch verflossen.

Das Hauptgericht wird aufgetragen. Weißweinrisotto, bestreut mit hauchzart gehobeltem Trüffel, eine außen sämige, innen bissfeste Masse, auf den Punkt genau gekocht, wohl auf dem Teller arrangiert. Bissen für Bissen ein reiner Genuss, dem schweigend und konzentriert gehuldigt wird. Keine überflüssige Zutat lenkt ab, kein Ton stört die Harmonie der Kostbarkeit. Ruhe breitet sich aus. Schon nach wenigen Löffeln beginnt sich ein wohliges Gefühl der Sättigung in Ihnen auszubreiten. Zu schön, um jetzt schon zum Ende zu kommen. Ganz von selbst werden Sie langsamer und ruhiger, um den Punkt hinauszuzögern, an dem Sie schlicht genug haben. Jedem neuen Löffel in Ihrem Mund können Sie so eine neue Geschmacksnuance abgewinnen, bis Sie endgültig satt sind.

Erst später am Abend runden ein paar sorgfältig ausgewählte Erdbeeren und ein süßer, schwarzer Espresso die fürstliche Mahlzeit ab.

Für Trüffel mag Ihr Budget zu Hause zu bescheiden sein. Pilze, Gemüse oder ein schlichtes Safranrisotto zu einer Mahlzeit zu kreieren, die Ihren Magen und Ihre Seele sättigt, dafür ist jederzeit Gelegenheit. Wenn es nicht Reis sein soll, so ist es vielleicht für Sie der Mais, der Weizen, die Hirse oder die Kartoffel?

Pilzrisotto

Zutaten für 2 Personen:

1 kleine Tüte	**getrocknete Steinpilze**
1	**Zwiebel**
250 g	**Shiitakepilze**
1 EL	**Olivenöl**
1 Becher	**Risottoreis**
2 Becher	**heiße Brühe**
	Zitronensaft
1 EL	**frisch geriebener Parmesan**
	weißer Pfeffer

▸ *Steinpilze in 1/4 Liter warmem Wasser einweichen. Zwiebel fein würfeln, Shiitake in Streifen schneiden. Öl erhitzen. Zwiebel, Pilze und Reis zugeben und einige Minuten dünsten. Brühe und Einweichwasser nach und nach unter ständigem Rühren zugeben, bis das Risotto gegart ist. Das Risotto ist fertig, wenn es eine cremige Konsistenz hat, das einzelne Reiskorn aber innen noch Biss hat. Mit Zitronensaft, Pfeffer, Salz abschmecken und etwas frischen Parmesan dazu servieren.*

Satt und glücklich

Glückshormone

Reis, Kartoffeln, Klöße – früher als allzu nahrhafte Feinde aller Schlankheitsbewussten verpönt, sind rehabilitiert. Ihre stärkehaltigen Kohlenhydrate sind keine »Dickmacher« sondern wichtige Energielieferanten. Sie sättigen lange und nachhaltig und liefern gleichzeitig – besonders als Vollkornvariante – viele gesunde Begleitstoffe. Die Kohlenhydrate aus diesen Lebensmitteln werden langsam verdaut und nach und nach ins Blut abgegeben. Der Vorteil: Unterzuckerung und dadurch bedingte Heißhungerattacken werden vermieden. Mehr statt weniger kohlenhydratreiche Lebensmittel zu essen, hilft ebenso allen, die ständige Süßgelüste quälen. Kein Wunder, Kohlenhydrate – und Zucker gehört dazu – sorgen dafür, dass im Körper das so genannte »Glückshormon« Serotonin ausgeschüttet wird. Doch es geht auch anders: Der Serotoninspiegel steigt genauso an, wenn man eine Scheibe Vollkornbot mit Käse oder Spaghetti mit Tomatensoße isst. Hier werden – anders als beim Zuckerzeug – die Kohlenhydratmoleküle langsam in die Blutbahn geschleust. Das macht lange satt, genauso glücklich und schützt vor Heißhungerattacken.

Besser mehr

Komplexe Kohlenhydrate aus Brot, Nudeln, Reis, Kartoffeln, Müslis, Obst und Gemüse sättigen nachhaltig und versorgen den Körper mit wichtigen Inhaltsstoffen. Alle Fitness-, Figur- und Gesundheitsbewussten machen diese Lebensmittel zur Basis ihrer täglichen Ernährung. Mindestens die Hälfte – besser mehr – der täglichen Nahrungsmenge sollten aus diesen Lebensmitteln stammen. Kohlenhydrate werden im Stoffwechsel schnell zu Energie verbrannt und normalerweise nicht in Körperfett umgewandelt. Erst ab 500 g Kohlenhydraten täglich, das entspricht ca. 2000 Kohlenhydrat-Kalorien, beginnt der Körper, überschüssige Kohlenhydrate in Fettdepots umzuwandeln – eine Menge, die im Alltag normalerweise selten erreicht wird. Nicht umsonst zählen kohlenhydratreiche Lebensmittel zur Fitness-Diät jedes Leistungssportlers. Deshalb gilt für alle, die schlank bleiben oder werden wollen: »Hungern ade und sich täglich und regelmäßig an Kartoffeln, Nudeln, Reis, Gemüse, Obst, Brot und Getreideprodukten satt essen – ohne schlechtes Gewissen«.

Sie machen satt und zufrieden

Kurdisch

Unterschiedliche Sorten von Sattmachern werden in kleinen, wohlgefomten Haufen auf einer großen Platte arrangiert: Reis mit kleinen Nudeln gekocht, Bulghur, Couscous, manchmal auch Hirse, dazwischen Linsen – alle sind sie herzhaft, aber unterschiedlich gewürzt. Dazwischen finden sich die sommerlichen Gemüse des Mittelmeeres, vor allem Tomaten, Zucchini und Paprika dürfen nicht fehlen. Auch knackiger grüner Salat und Salat aus Petersilie und eine minzige Joghurtsoße ergänzen das Ensemble. Zwiebeln ersetzen das Fleisch, von dem es nur wenig gibt. Nur an besonderen Tagen reichert ein wenig Lamm und Huhn das köstliche Buffet an. Weniger figurfreundlich: Meist wird mit Olivenöl recht großzügig umgegangen.

Hülsenfrüchte: die anderen Sattmacher

Kartoffeln, Nudeln oder Getreidegerichte: Welches ist Ihr kohlenhydratreiches Lieblingsessen? Vielleicht ein Hülsenfrüchteeintopf? Neben Kohlenhydraten und reichlich Ballaststoffen enthalten die kleinen Früchtchen hochwertige pflanzliche Eiweiße. Nehmen Sie sich vor, die fettarme Variante vom Erbsen- oder Linseneintopf – ohne Würstchen und ohne geräucherten Speck – häufiger als bisher zu genießen. Vielleicht mal mit Curry?

Sättigend und ballaststoffreich

Linsen-Curry-Eintopf

Zutaten für 2 Portionen:

1	**Zwiebel**
6	**getrocknete Aprikosen**
150 g	**rote Linsen**
1 EL	**Sonnenblumenöl**
1 EL	**mildes Currypulver**
3/8 l	**Gemüsebrühe**
	Salz
	Cayennepfeffer
	Zitronensaft
1/2 Becher	**Naturjoghurt (75 g)**
1 Bund	**Schnittlauch**

▸ *Zwiebel würfeln. Aprikosen in Streifen schneiden. Linsen in einem Sieb abspülen. Öl in einem Topf erhitzen und die Zwiebeln glasig dünsten. Mit Curry bestäuben und kurz schmoren. Brühe, Aprikosen und Linsen zugeben und 15 Minuten garen. Mit Salz, Cayennepfeffer und Zitronensaft abschmecken.*
Kurz vor dem Servieren den Joghurt unterheben. Mit Schnittlauchröllchen bestreuen.

Tipps

▸ Curry entfaltet sein Aroma am besten, wenn man es kurz und vorsichtig im heißen Topf oder im Öl anschwitzt.

▸ Statt Aprikosen und Zwiebeln kann man auch Äpfel und Lauch verwenden.

Tipp zum Quarkauflauf

▸ Mit selbst gekochten Bohnen dauert das Ganze länger. Dann die Bohnen am besten bereits am Vortag kochen.

Quarkauflauf mit Porree und weißen Bohnen

Zutaten für 2 Portionen:

1	**Zwiebel**
1	**Knoblauchzehe**
1 große	**Stange Porree**
1	**rotschaliger Apfel**
1 kleine	**Dose weiße Bohnen (250 g Abtropfgewicht)**
1 EL	**Öl**
	Salz, weißer Pfeffer
250 g	**Magerquark**
1/2 Tasse	**Milch**
1	**Ei**
2 EL	**frische Majoranblättchen**
1 EL	**Kürbiskerne**

▸ *Den Backofen vorheizen (200 °C, Gas Stufe 3). Zwiebel und Knoblauchzehe pellen und würfeln. Porree putzen, waschen und in Ringe schneiden, Apfel waschen und mit der Schale grob raspeln. Bohnen abspülen und abtropfen lassen. Öl erhitzen, Zwiebeln, Knoblauch und Porree darin 5 fünf Minuten dünsten. Apfel und Bohnen zugeben, mit Salz und Pfeffer herzhaft abschmecken und in eine ofenfeste Form füllen. Quark mit Milch und Ei verquirlen, Majoranblättchen unterheben, mit Salz und Pfeffer würzen, über dem Gemüse verteilen und 25 Minuten im Backofen garen. Mit gehackten Kürbiskernen bestreuen.*

Was sind eigentlich Kohlenhydrate?

Kohlenhydrate sind praktisch nur in pflanzlichen Lebensmitteln und in Milch enthalten. Unterteilt werden sie in komplexe Kohlenhydrate in Form von Stärke (Polysaccharide) und einfache Kohlenhydrate in Form von süß schmeckenden Zuckern (Mono- und Disaccharide). Einfache Kohlenhydrate sind zum Beispiel Haushaltszucker, Fruchtzucker, Milchzucker oder Traubenzucker (Glucose). Essen Sie komplexe Kohlenhydrate, z. B. in Form von Brot, muss Ihr Verdauungssystem diese erst in kleinere Einfachzucker zerlegen, bevor sie in die Blutbahn eingeschleust werden können. Die Folge: Die Kohlenhydrate »sickern« langsam ins Blut, man fühlt sich länger und nachhaltiger satt. Zuckriges dagegen »schiesst« ins Blut, die Wirkung verpufft schnell wieder.

Heißhunger vermeiden

Wenn die Abstände zwischen den Mahlzeiten zu lang werden, gerät der Körper in ein Kohlenhydratdefizit, die Unterzuckerung. Nach einem arbeitsreichen Tag spürt man meistens erst am Abend den Heißhunger auf die Nahrungsmittel, die reich an schnell verfügbaren Kohlenhydraten sind, häufig Süßes … Gierig und unkontrolliert greift man zu Schokolade, Kuchen und ähnlichen Kalorienfallen. Bei diesen »Seelentröstern« handelt es sich um leere Kalorien, d. h., sie spenden in erster Linie Kalorien und häufig Fett, aber so gut wie keine Ballaststoffe, Vitamine und Mineralstoffe. Folge: Die nächste Heißhungerattacke ist vorprogrammiert. Vorbeugung schafft Abhilfe. Regelmäßig und kohlenhydratreich zu essen beugt Heißhungeranfällen vor.

Essen im Drei-Stunden-Takt

- Regelmäßiges Essen versorgt den Körper gleichmäßig mit Nährstoffen. Heißhungergefühle lassen sich so vermeiden. Wenn es nicht in dem Rhythmus möglich ist, den Sie wünschen, versorgen Sie sich mit sättigenden, kohlenhydratreichen Snacks: Obst oder Gemüse, Knäckebrot oder Reiscrispies, Zwieback oder einfach ein Stück Brot.

Muss es immer Vollkorn sein?

»Nicht immer, aber immer öfter!« Zweifellos: Vollkornprodukte enthalten mehr Vitamine und Mineralstoffe als Produkte aus Weißmehl. Ihr wesentlich höherer Gehalt an Ballaststoffen ist ein weiteres Gesundheits-, aber auch Wohlfühlplus: Ballaststoffe sind fast unverdaulich, sie verbessern deshalb die Sättigung und kurbeln die Verdauung an. Außerdem schützen sie vor in der Nahrung enthaltenen Umweltschadstoffen. 30 g täglich werden empfohlen. Auch Gemüse, Obst und Hülsenfrüchte enthalten Ballaststoffe. Wer viel davon isst, tut viel für das Wohlbefinden. Vollkornnudeln oder -reis schmecken nicht zu allen Speisen, Vollkornbrot nicht zu jedem Belag. Das Baguette-Brötchen am Sonntag sollte sich daher niemand vermiesen lassen, denn auch dieses enthält einige Ballaststoffe …

Lebensmittel (pro Portion)	Ballaststoffe
Erbsen, 200 g	8 g
Möhren, 200g	7 g
Brokkoli, 200 g	6 g
Pastinaken, 200 g	23 g
Linsen, 50 g, roh	5 g
4 Dörr-Pflaumen, 25 g	4 g
Birne, 125 g	4 g
Apfel, 125 g	3 g
Kartoffeln, gekocht mit Schale, 200 g	6 g
Bulghur, 50 g, roh	6 g
Naturreis, 50 g roh	2 g
Maisgrieß, 50 g, roh	3 g
Vollkornnudeln, 50 g, roh	4 g
Eiernudeln, 50 g	2 g
Haferflocken, 50 g	5 g
Hirse, 50 g, roh	2,5 g
Müsli, 50 g	6–10 g
Vollkornbrot, 1 Scheibe, 45 g	3 g
Baguette-Brötchen, 90 g	2 g
Knäckebrot, 1 Scheibe, 10 g	1 g

Kartoffeln: Eine Wiedergutmachung

Kartoffelprodukte, Portion	Fett Gramm (circa)	Kalorien (kcal)
Pellkartoffeln 200 g	in Spuren	140
Salzkartoffeln 200 g	in Spuren	140
Kartoffelklöße 200g	in Spuren	200
Kartoffelpüree 200 g	4	150
Backofen-frites 150 g	15	385
Bratkartoffeln 200 g	16	320
Pommes frites 150 g	20	408
Kroketten 150 g	11–27	270–402
Kartoffelpuffer 150 g	18–31	310–469

»Schön rötlich die Kartoffeln sind und weiß wie Alabaster, und sind für Mann und Frau und Kind ein rechtes Magenpflaster«, so dichtete schon Matthias Claudius. Damals waren Kartoffeln noch Hauptbestandteil jeder Mittagsmahlzeit. Mit Beginn der Wohlstandsgesellschaft wurden sie durch Fleisch immer mehr vom Teller verdrängt. Aß der Bundesbürger Anfang der fünfziger Jahre noch über 500 g Kartoffeln täglich, begnügte sich die nachfolgende Generation Anfang der Neunziger mit 280 g, davon etwa ein Drittel in Form industriell erzeugter Fertigprodukte wie Pommes frites oder Kartoffelpüree. Bedauerlich, denn die Kartoffel ist eine ausgesprochene Delikatesse – und ein Sattmacher erster Güte. Preiswert ist sie außerdem. Zu Unrecht hat die Kartoffel den Ruf, ein Dickmacher zu sein. Es sei denn, sie wird durch Verarbeitung fett gemacht.

Bratkartoffeln »light«

Zutaten für 2 Portionen:

500 g Pellkartoffeln
1 Zwiebel
2 TL Butter
Salz, schwarzer Pfeffer

Kartoffeln pellen und in gleichmäßige Scheiben schneiden. Zwiebel pellen und in feine Ringe schneiden. Eine große, beschichtete Pfanne erhitzen und die Kartoffelscheiben nebeneinander ohne Fett goldgelb braten, wenden. Die Zwiebelringe zugeben und mitbraten. Wenn auch die zweite Seite goldgelb ist, die Bratkartoffeln mit Salz und Pfeffer würzen, die Butter zugeben und unter Wenden kurz fertigbraten. Bratkartoffeln gelingen am besten mit Pellkartoffeln vom Vortag. Das »Geheimnis« guter Bratkartoffeln ist eine reichlich große Pfanne, so dass alle Kartoffelscheiben nebeneinander Platz finden.

Köstliche Erdäpfel

Als Pellkartoffel ist sie fast unschlagbar. Sie ist praktisch fettfrei, aber vitamin- und mineralstoffreich und daher ein gesunder Leckerbissen – mit Paprika- oder Korianderquark als Dip eine Delikatesse. Bei jungen Kartoffeln ist die Schale so dünn, dass sie mitgegessen werden kann. Einfach mit der Wurzelbürste gründlich schrubben, fertig.

Das steckt drin

Sättigende Stärkekohlenhydrate, hochwertiges Eiweiß mit vielen lebensnotwenigen Aminosäuren, Vitamine C und B, Blut bildendes Eisen, entwässerndes Kalium, Magnesium gegen Stress und verdauungsfördernde Ballaststoffe und praktisch kein Fett machen die Kartoffel zum schlanken und gesunden Genuss. Die wertvollen Vitamine und Mineralstoffe sind wasserlöslich und allzuschnell in den Ausguss gekippt. Am besten gart man Kartoffeln deshalb in der Schale – so bleibt das Gesundheitsplus voll erhalten.

Ofenkartoffeln …

2 EL **Sonnenblumenöl**
je 2 EL **Sesam und Kümmel**
1200 g **Kartoffeln**

- *Ein Backblech mit Öl bestreichen, mit Sesam und Kümmel bestreuen. Kartoffeln gut abbürsten, halbieren und daraufsetzen. In den kalten Backofen schieben und bei 200 °C (Umluft 180 °C, Gas Stufe 3) je nach Sorte und Größe der Kartoffeln etwa 45 Minuten garen, bis die Schnittfläche hellbraune Blasen wirft.*

Variation

- Die Kartoffeln kann man auch auf Mohnsamen, Kreuzkümmel oder Rosmarinnadeln backen.

… mit Räucherforelle und Quark-Dip

500 g **Magerquark**
150 g **Magermilchjoghurt**
4 TL **Zitronensaft**
Zitronenschale von einer unbehandelten Frucht
Salz
weißer Pfeffer aus der Mühle
4 **geräucherte Forellenfilets**
1 Bd **Schnittlauch**
Forellenkaviar zur Dekoration

- *Aus Quark, Joghurt, Zitronensaft und -schale einen Dip rühren, mit Salz und Pfeffer abschmecken. Kartoffeln mit Quark und Forellenfilets anrichten, mit langen Schnittlauchröllchen bestreuen und mit Kaviar servieren.*

Tipps zum Kartoffelgratin

- Ohne Schinken eignet sich das Gratin auch als Beilage zu deftigen Fleischgerichten. Dann reicht dieses Rezept für 6–8 Portionen.
- Im Umluftofen braucht man 1/2 Tasse mehr Flüssigkeit (Milch oder Brühe).

… mit Wintergemüse

2 **mittelgroße Zwiebeln**
250 g **Weißkohl**
350 g **Lauch**
250 g **Möhren**
2 EL **Sonnenblumenöl**
2 EL **süße Sahne**
Salz, Pfeffer, gemahlener Kreuzkümmel
1 Bd **Petersilie**

- *Gemüse putzen und in feine Streifen schneiden, ca. 15 Minuten im Öl bissfest dünsten. Würzen und mit Sahne binden. Mit fein gehackter Petersilie bestreuen.*

Kartoffelgratin mit Sauerkraut

1 Tüte **getrocknete Steinpilze**
200 ml **Milch (1,5 %)**
750 g **feste Kartoffeln**
100 g **gekochter Schinken**
2 **Zwiebeln**
500 g **frisches Sauerkraut**
100 g **saure Sahne (10 %)**
Salz
weißer Pfeffer aus der Mühle
1 TL **Kümmel**
3 EL **frisch geriebener Parmesankäse**

- *Steinpilze in der Milch einweichen. Kartoffeln schälen und grob raspeln. Zwiebeln fein würfeln, Schinken in Streifen schneiden. Kartoffeln, Zwiebeln, Schinken und Sauerkraut mischen und in eine Auflaufform geben. Milch mit Pilzen, saurer Sahne, Salz, Pfeffer und Kümmel verrühren und darüber gießen. Den Parmesankäse darauf verteilen. Gratin in den kalten Ofen schieben und bei 200 °C (Umluft 180 °C, Gas Stufe 3) etwa 45 Minuten backen, bis die Oberfläche schön gebräunt ist.*

Bouillonkartoffeln

1 kg	Kartoffeln
250 g	Möhren
250 g	Knollensellerie
1	Lorbeerblatt
1 l	Gemüsebrühe oder Gemüsefond
2	Stangen Porree
1	kleiner Spitzkohl
	Salz, weißer Pfeffer
50 g	frische Meerrettichwurzel

Kartoffeln, Möhren und Sellerie schälen, würfeln und mit dem Lorbeerblatt in die Brühe geben. Zugedeckt 10 Minuten garen. In der Zwischenzeit Porree in Ringe, Spitzkohl in Streifen schneiden. Beides zugeben und noch einmal 5–10 Minuten garen. Mit Salz und Pfeffer herzhaft abschmecken und den Meerrettich kurz vor dem Servieren darüber hobeln.

Tipp

Spitzkohl gibt es nur kurze Zeit im Jahr. Andere zarte Kohlsorten wie Chinakohl oder Wirsingkohl können stattdessen verwendet werden. Geeignet als klassische Beilage zum Tafelspitz, mageres Rindfleisch in guter Brühe sanft gegart. Aber auch »solo« köstlich.

Kartoffelsalat mit Brühe

1 kg	fest kochende Kartoffeln
	Salz, schwarzer Pfeffer aus der Mühle
1 Bd	Frühlingszwiebeln
1/2	Salatgurke
1 Bd	Radieschen
1/4 l	Gemüsebrühe
5 EL	Essig
2 EL	Öl
1 gestr. EL	mittelscharfer Senf
1 Beet	Kresse

Kartoffeln waschen und in Salzwasser als Pellkartoffeln garen. Frühlingszwiebeln putzen und schräg in Ringe schneiden, Gurke und Radieschen putzen, waschen, Gurke schälen und alles in Scheiben schneiden. Brühe mit Essig und Senf aufkochen. Kartoffeln pellen und in Scheiben schneiden. Kartoffelscheiben und Frühlingszwiebelringe in die heiße Brühe geben und abkühlen lassen. Gurken- und Radieschenscheiben und Öl untermengen, mit Salz und Pfeffer abschmecken und mit Kresse bestreuen.

Sie haben mehr Aufmerksamkeit verdient …

Brot: Gesunder Sattmacher mit Genussplus

Grundnahrungsmittel

Eines ist sicher: Brot ist das wichtigste Grundnahrungsmittel und das ist auch gut so. Wer liebt nicht den würzigen Duft von knusprig gebackenem Brot in den Bäckereien? Deutschland ist das Brotland Nummer eins. Aus über hundert Sorten können Sie wählen. Fast jede Region hat ihre eigene Spezialität. Greifen Sie zu – denn mit dem richtigen Belag oder ganz ohne macht Brot nicht dick.

Beim Vollkornmehl wird das ganze Korn verarbeitet. Nur Schmutz und mögliche Schadstoffe werden bei der Reinigung entfernt. Bei der Weißmehlherstellung gehen Schale, Keimling und andere wertvolle Bestandteile des Korns verloren. Je vollständiger das Korn ist, desto höher der Ausmahlungsgrad und damit der Vitamin-, Mineral- und Ballaststoffgehalt. Bei Roggen und Weizenmehl kann der Ausmahlungsgrad an der Mehltypennummer erkannt werden. Eine hohe Zahl bedeutet hohen Ausmahlungsgrad und hohen Mineralstoffgehalt. Beispielsweise sind in 100 g Weizenmehl Type 405 insgesamt 405 mg Mineralstoffe und in 100 g Weizenmehl Type 1050 insgesamt 1050 mg Mineralstoffe enthalten.

Haferbrötchen

Zutaten für 12–15 Stück:

800 g **Weizenmehl Typ 1050**
200 g **zarte Haferflocken**
1 TL **Salz**
1 Würfel **Hefe**
150 g **Sauerteig (Bioladen)**
3 EL **kernige Haferflocken**

▸ *Mehl, Haferflocken und Salz in einer Schüssel mischen. Hefe und Sauerteig in 700 ml lauwarmem Wasser auflösen und zum Mehl geben. Mit den Knethaken zu einem glatten Teig verarbeiten und zugedeckt 3–4 Stunden gehen lassen. Den Teig auf einer bemehlten Arbeitsplatte durchkneten und Brötchen formen. Die Brötchen mit einem scharfen Messer einritzen und mit Haferflocken bestreuen. Auf ein mit Backpapier belegtes Blech legen und noch einmal 30 Minuten gehen lassen. Backofen auf 225 °C vorheizen. Den Ofen dann auf 200 °C (Umluft 180 °C, Gas Stufe 3) herunterschalten und die Brötchen etwa 20 Minuten backen.*

Alles Schrot und Korn?

Um das »darin« wurde schon viel Wirbel gemacht. Traditionell wird Brot nur aus vier Zutaten gebacken: aus frisch gemahlenem Mehl, Wasser, Hefe und Salz. Bei vielen Bäckern sind diese Zeiten vorbei. Die meisten Brote bestehen aus fertigen Backmischungen, die von den großen Backmittel-Herstellern geliefert werden. So ist der Teig heute oft ein bunter Mix aus vielen Zutaten sowie Hilfs- und Zusatzstoffen.

Alternative: Bio-Brot

Wer sein Brot ohne Zusatzstoffe genießen möchte, probiert einmal die vielfältigen Sorten aus einer Vollkorn-Bio-Bäckerei. Vollkorn-Bio-Bäcker haben sich dem traditionellen Backhandwerk verpflichtet und verwenden ausschließlich Getreide aus ökologischem Anbau. Der Teig wird mit natürlichem Sauerteig, Hefe oder Backferment hergestellt, andere Backhilfsmittel werden in einer Bio-Bäckerei nicht zugelassen. So reift der Sauerteig hier lange 24 Stunden, so dass die Mikroorganismen viel Zeit haben, natürlich konservierende Säuren und die für das unverwechselbare Aroma verantwortlichen Bakterien zu produzieren. Die Folge: Bio-Vollkornbrot hält sich länger, ist bekömmlicher und schmeckt wie zur guten alten Zeit. Noch ein Pluspunkt: Erst durch die lange Teigreifung kann das Eisen des Getreides für den Körper aufgeschlossen werden.

Achtung: Croissants

▸ Croissants haben es in sich. Selbst ohne Belag enthält ein einziges dieser Blätterteighörnchen bereits 12 g Fett.

Weizen: Orient und Okzident

In den kleinen Weizenkörnern stecken Kohlenhydrate, Ballaststoffe, hochwertiges Pflanzeneiweiß, Vitamine und Mineralstoffe. Ebenfalls enthalten: sekundäre Pflanzenstoffe, Lignane, die vor Darmkrebs schützen. Doch nicht nur Brot und Brötchen schmecken gut aus diesem Getreide. Spezialitäten wie Couscous und Bulghur aus der orientalischen Küche bereichern das Angebot auf genussvolle Weise. Erhältlich sind sie in türkischen Geschäften oder gut sortierten Supermärkten.

Bulghur

Bulghur ist vorgegarter grober Hartweizengrieß, der aus ganzen geschälten Weizenkörnern nach einem jahrtausendealten Verfahren hergestellt wird, das ursprünglich aus dem Nahen Osten stammt. Dabei wird das Getreide zuerst leicht gedämpft, anschließend getrocknet und dann zerkleinert. Im Gegensatz zu der hier bekannten Weizengrütze bleibt Bulghur beim Kochen körnig. Es eignet sich als würzige Beilage oder für sättigende Salate. Das Garen ist einfach: Bulghur waschen und gut fingerbreit mit Wasser bedeckt 1/2 Stunde einweichen, aufkochen und etwa 20 Minuten ausquellen lassen.

Bulghursalat mit Petersilie

250 g	**glatte Petersilie (4 Bund)**
200 g	**Möhren**
3–4	**Frühlingszwiebeln**
75 g	**Bulghur**
4–6 EL	**Zitronensaft**
3 EL	**Öl**
	Salz, Pfeffer

Bulghur mit ca. 100 ml sehr heißem Wasser mischen und mindestens eine Stunde quellen lassen.
Möhren putzen und fein raspeln, Petersilienblättchen waschen und fein hacken. Frühlingszwiebeln waschen und in feine Ringe schneiden. Aus den restlichen Zutaten eine Marinade rühren und mit dem Bulghur und dem Gemüse mischen.

Vorgegarter Hartweizengrieß

Friulinisch

Erinneren Sie sich noch mit Schrecken an Grießbrei oder mit Appetit an Grießklößchensuppe? Eine deftige Variante ist der Hartweizengrieß, eine der zwei möglichen Grundlagen für die nicht nur im Friaul – der östlichsten Bergregion Norditaliens – beliebten Gnocchi. Eine andere Variante der kleinen Klößchen besteht aus Kartoffeln, eine dritte aus beidem gemischt. Mit Tomatensoße, frischem Basilikum und etwas Mozzarella überbacken sind sie eine vollständige Mahlzeit.

Umbrisch

In der Gegend um Assisi wird der Hartweizen ganz verarbeitet. Mit einer chilischarfen Tomatensoße vermischt, dekoriert mit frischen Tomaten, weißen Gemüsezwiebeln und grünen Kräutern ersetzt er die Nudeln. Da die Kochzeit lange ist – rund 1 1/2 bis 2 Stunden – gibt es ihn inzwischen auch vorgekocht in italienischen Lebensmittelläden. Auch andere fettarme Nudelsoßen passen dazu.

Couscous

Couscous wird traditionell von Hand gefertigt, indem man Weizengrieß und -mehl vermischt und mit kaltem Salzwasser beträufelt. Danach wird es durch Pressen oder Rollen zu kleinen Körnern verarbeitet.
In Nordafrika gilt das Zubereiten und Garen von Couscous als hohe Kunst, die einen großen Teil des Tages bestimmt und Bestandteil des sozialen Lebens der Frauen ist. Das Getreide wird in der Couscoussière, einem speziellen Tontopf mit Siebeinsatz, über dem Dampf von Fleisch, Brühe und Gemüse stundenlang gegart. Während des Garens wird der Couscous mehrmals herausgenommen und mit der Gabel zerteilt, damit sich keine Klümpchen bilden, und dabei jedesmal mit kaltem Salzwasser und etwas Olivenöl beträufelt.

Unkompliziert und schneller in der Zubereitung: Instant-Couscous mit kochendem Wasser übergießen, evtl. ein Butterflöckchen dazugeben, einmal umrühren und ca. 10 Minuten im geschlossenen Topf ausquellen lassen. Bei Bedarf noch etwas heißes Wasser nachschütten. Schmeckt als Beilage zu würzigen Soßen genauso gut wie die traditionelle Zubereitung.

Couscous mit Tomaten

Zutaten für 2 Portionen:

1 Becher	**Naturjoghurt (150 g)**
1/2 Bd	**Petersilie**
	Kreuzkümmel, Salz
	weißer Pfeffer aus der Mühle
1 Bd	**Frühlingszwiebeln**
300 g	**kleine Strauch- oder Cocktailtomaten**
3 EL	**Weißwein**
1 EL	**Olivenöl**
1 TL	**Thymianblättchen**
1	**Knoblauchzehe**
200 g	**Instant-Couscous**

▸ *Joghurt mit gehackter Petersilie verrühren, mit Kreuzkümmel, Salz und Pfeffer abschmecken. Den Backofen auf 175 °C vorheizen. Frühlingszwiebeln waschen und schräg in breite Ringe schneiden. Tomaten waschen und in eine feuerfeste Form legen. Weißwein, Olivenöl, Salz, Pfeffer, Thymianblättchen und Knoblauchscheiben darüber geben und etwa zehn Minuten im Backofen garen. Nach fünf Minuten die Frühlingszwiebeln zugeben.*

Couscous nach Packungsanweisung zubereiten – das dauert etwa 10 Minuten – und mit Salz und Pfeffer abschmecken. Couscous mit den geschmorten Tomaten anrichten. Die Joghurtsoße getrennt dazu reichen.

Nordafrikanische Tradition – Couscous aus dem Tagi

Nudeln: Nicht nur italienisch

Spaghetti, Fettucine, Tagliolini – schon die italienischen Nudelnamen bringen jeden ins Schwärmen. Kein Wunder, dass jeder Deutsche jährlich 4,6 kg, jeder Italiener sogar 25 kg davon verschlingt. Denn ein Grund für die steigende Beliebtheit der Nudeln ist die fast unüberschaubare Formenvielfalt, die auf dem Teller einfach imposant aussieht. Zudem sind sie nahezu zu allen Gerichten eine gern gegessene Beilage.
Auch ihre »inneren« Werte kommen einer schlanken Linie sehr entgegen. Der durchschnittliche Energiegehalt einer fertigen Portion (200 g) Lieblingsnudeln bringt gerade mal 236 kcal auf den Teller. Nudeln machen nicht dick, deshalb können die Portionen ruhig etwas größer ausfallen. Kombiniert mit fettbewusster Soße – ein lange sättigender Genuss ohne Reue.

Kleine Nudelkunde

Die Grundrezeptur ist ganz simpel: Man nehme Mehl, Wasser, eventuell Eier und Salz. Drei Sorten von Teigwaren werden unterschieden.

Hartweizennudeln

Für die Nudelherstellung wird Hartweizen genommen, weil die Nudeln nach dem Kochen bissfester bleiben, für Italienfans die bevorzugte Sorte. Die getrockneten Nudeln sind lange haltbar.

Eiernudeln

Hierzu kann Weichweizen verwendet werden, denn das Lezithin der frischen Eier verbessert die Verarbeitung des Weichweizens und verfeinert den Geschmack der Teigwaren. Allerdings: 100 g reine Eiernudeln enthalten circa 4 g Fett. Aus Haltbarkeitsgründen werden Trockennudeln mit Eipulver gemacht.

Vollkornnudeln

Hierzu werden Vollkornmehl- und -grieß verwendet. Diese Nudeln schmecken herzhaft-kräftig. Neben Weizen werden Vollkornnudeln auch aus Hirse, Dinkel, Roggen oder Grünkern hergestellt.

Tomatensugo

Zutaten für 2 Portionen:

500 g	**vollreifeTomaten**
1	**Zwiebel**
1	**Knoblauchzehe**
1 EL	**Olivenöl**
	Salz
	schwarzer Pfeffer aus der Mühle
1 TL	**Zucker**
	frisches Basilikum, gehackt

Tomaten mit kochendem Wasser überbrühen, häuten, Stielansatz und Kerne entfernen. Fruchtfleisch würfeln. Zwiebel und Knoblauchzehe pellen und würfeln. Olivenöl in einem weiten Topf oder einer Pfanne erhitzen, Zwiebel und Knoblauch glasig dünsten. Tomaten zugeben und einkochen lassen. Mit Salz, Pfeffer und Zucker abschmecken, Basilikum zugeben.

Tipp

Diese Tomatensoße ist ohne Basilikum eine Basis, die man im Hochsommer, wenn die Tomaten aromatisch sind, gut auf Vorrat kochen und einfrieren kann. Bis zu vier Monaten bleibt die Soße so aromatisch. Nach dem Erwärmen mit frischen Kräutern und Gewürzen abschmecken.

Pesto

Zutaten für 3 Portionen:

1 Bd	**großblättriges Basilikum**
1	**Knoblauchzehe, durchgepresst**
1 TL	**fein gehackte Pinienkerne**
20 g	**frisch geriebener Pecorino oder Parmesan**
	Salz, weißer Pfeffer
3 EL	**Olivenöl**

Basilikum waschen und fein hacken. Mit den anderen Zutaten in einem Mörser oder besser einer Küchenmixmaschine zu einer Paste verarbeiten. Tröpfchenweise Olivenöl dazugeben, bis das Pesto sämig wird. Zum Einfrieren geeignet. Zum Servieren evtl. etwas Nudelkochwasser unterrühren.

Grüne Nudeln »Ligurische Art«

250 g grüne Bandnudeln
300 g festkochende Kartoffeln
400 g Schnittbohnen
4 EL Pesto
etwas frischer Parmesan
Salz
einige frische Basilikumblättchen

- *Bohnen waschen, putzen und in schräge Streifen schneiden. Kartoffeln schälen, waschen und würfeln. In einem großen Topf reichlich gesalzenes Wasser zum Kochen bringen. Bohnen, Kartoffelwürfel und Nudeln in das sprudelnde Wasser geben, umrühren und circa 10 Minuten kochen lassen. Alles in ein Sieb abgießen und abtropfen lassen, dabei das Kochwasser auffangen. Pesto mit der gleichen Menge Kochwasser verrühren und die Nudel-Bohnen-Mischung darin schwenken. Auf Tellern oder in einer Schüssel anrichten und mit Basilikumblättchen und etwas frisch geriebenem Parmesan garnieren.*

Lasagne vegetarisch

Lasagne mit Spinat

350 g	**Lasagneblätter ohne Kochen**
1 Dose	**Tomaten (800 g)**
1 EL	**Olivenöl**
	Salz, Cayennepfeffer
1 EL	**Honig**
1	**Knoblauchzehe**
2 Pakete	**Blattspinat, aufgetaut**
	Muskatnuss
	Pfeffer aus der Mühle
2 EL	**Butter**
2 EL	**Mehl**
3/8 l	**fettarme Milch**
1 Paket	**italienische Tiefkühlkräuter**
150 g	**geriebener Käse (Emmentaler, Gruyère, Parmesan)**

- *Ofen vorheizen (200 °C, Gas Stufe 3). Tomaten grob würfeln und etwas abtropfen lassen. Mit Salz, Honig, Cayennepfeffer und 1 EL Öl sowie gepresster Knoblauchzehe mischen, beiseite stellen. Aus Butter, Mehl und Milch eine Bechamelsoße herstellen. Käse zugeben und schmelzen lassen. Kräuter untermischen. Mit Salz, Pfeffer und Muskat abschmecken.*
  Jetzt in der Reihenfolge Tomaten, Lasagne, Spinat, Bechamelsoße, Lasagne, Tomaten… die Zutaten in eine Lasagneform schichten, den Spinat jeweils mit Muskat und Pfeffer würzen, alles etwas andrücken und mit Bechamelsoße abschließen. 35–40 Minuten auf der mittleren Schiene backen.

Variationen

- Statt Dosentomaten kann auch das *Tomatensugo von Seite 64* verwendet werden.
  Mit frischen Zanderfiletwürfeln (400 g) anstelle der Tomaten und Gorgonzola in der Soße wird aus dieser Lasagne ein Gericht für Fischliebhaber. Dafür die Kräuter weglassen.
- Fettärmer wird es, wenn die Bechamelsoße ganz durch das Tomatensugo ersetzt wird.

Mais und Hirse: Goldenes Korn

Maisgrieß/Polenta

Mais stammt als einzige Getreideart ursprünglich aus Mittelamerika und ist dort das traditionelle Hauptnahrungsmittel. Zunächst getrocknet und dann geschrotet wird Polenta daraus. Mais enthält viel Kalium, Magnesium, Vitamin B1, Panthothensäure und Ballaststoffe. Verwenden kann man ihn für Crêpes, Kuchen, Gebäck, Brot, zum Gratinieren, als würzige Beilage oder mit Käse, Pilzen oder Kräutern als Hauptgang. Der leicht süßliche Geschmack und sein goldgelbes Aussehen bieten eine interessante Abwechslung für Gaumen und Auge.

Polenta: in der Berg- und Seenregion Norditaliens die traditionelle Pasta

Grundrezept Polenta

3/4 l kräftige Gemüsebrühe
Muskatnuss
200 g Maisgrieß, grob

Brühe nach Geschmack mit Muskat würzen und zum Kochen bringen. Mit dem Schneebesen den Maisgrieß einstreuen. Unter ständigem Rühren 5 Minuten köcheln lassen. Hitze ausschalten und im heißen Topf 20–30 Minuten ausquellen lassen.

Weit gereist

Vor 500 Jahren ist der Mais vom frisch entdeckten Kontinent Amerika nach Europa gebracht worden. Damals war es in weiten Teilen Europas noch die Hirse, die das Grundnahrungsmittel darstellte. In Europa mit Ausnahme von Norditalien unbedeutend geworden, dient sie in weiten Teilen Afrikas noch immer als Sattmacher.

Lombardisch

Zwischen dem Lago Maggiore und dem Lago di Como wird gerne die Vollkornvariante der Polenta als Hauptnahrungsmittel gegessen. Als Zutat beliebt sind die Steinpilze, die in den lombardischen Wäldern reichlich wachsen, oder Wildkräuter von den Bergwäldern. Der Nachtisch: Maronen – ebenfalls aus den Bergwäldern.

Polentaschnitten mit Pilzgemüse

Zutaten für 2 Portionen:

100 g	**Polenta**
1 Hand voll	**gemischte Kräuter**
1 kleine	**Knoblauchzehe**
1 EL	**frisch geriebener Parmesan**
2 Bd	**Frühlingszwiebeln**
250 g	**Champignons**
2 EL	**Olivenöl**
1 TL	**Honig**
1 EL	**Balsamico**
	Cayennepfeffer, Salz

1/2 l Wasser mit etwas Salz aufkochen. Polenta mit dem Schneebesen einstreuen und bei kleinster Hitze ausquellen lassen. Dabei häufig umrühren. Nach 20–30 Minuten Kräuter, durchgepresste Knoblauchzehe und den Parmesan unterrühren und die Masse auf einer Platte etwa 2 cm dick ausstreichen. Abkühlen lassen. In der Zwischenzeit das Gemüse putzen, die Frühlingszwiebeln in breite Ringe, die Champignons in Scheiben schneiden. 1 EL Olivenöl erhitzen und das Gemüse darin braten, bis alle Flüssigkeit verdampft ist. Mit Balsamessig, Honig, Salz und Cayennepfeffer abschmecken. Gleichzeitig aus der Polentamasse Rauten schneiden und in dem restlichen Olivenöl von beiden Seiten knusprig braten.

Hirse

Sie wurde schon in frühgeschichtlicher Zeit in Afrika angebaut und gehört dort noch immer zu den Grundnahrungsmitteln. Die Körner sind klein und rundlich, je nach Sorte weiß, gelb, rot oder rotbraun. Hirse wird nach dem Dreschen nur poliert oder zu Mehl oder Flocken verarbeitet. Da Hirse ein kräftiges Aroma besitzt, stellt sie eine schmackhafte Alternative zu anderen Getreidearten dar. Der außergewöhnlich hohe Eisengehalt macht Hirse zu einem sehr wertvollen Getreide, besonders in der vegetarischen Küche. Hirse passt als Beilage zu würzigen Soßen, zu Suppen, Kroketten, Porridge, Süßspeisen, mit Weizenmehl vermischt auch zum Backen und für Crêpes. Hirsekörner benötigen zum Garen viel Flüssigkeit. Grundrezept: die Körner in kaltem Wasser einweichen, das dann als Kochwasser verwendet wird. 1 Teil Hirse mit 3 Teilen Wasser kocht man bei schwacher Hitze etwa 20–30 Minuten.

Hirsotto mit Minzjoghurt

3/4 l	**Gemüsebrühe**
200 g	**Hirse**
1	**Zwiebel**
250 g	**Möhren**
200 g	**Zuckerschoten (ersatzweise tiefgefrorene Erbsen)**
2 EL	**Sonnenblumenöl**
1 Stückchen	**frischer Ingwer**
	Petersilie
500 g	**Naturjoghurt (1,5%)**
	frische Minze
	Salz, Pfeffer, Honig

▸ *Hirse waschen und im trockenen Topf rösten, bis sie duftet; herausnehmen. Öl erhitzen und erst gewürfelte Zwiebel, dann geputzte und zerkleinerte Möhren anschmoren. Geputzte Zuckerschoten zugeben. Hirse und geschälten, fein geriebenen Ingwer zugeben und mit der Brühe auffüllen. Einmal aufkochen lassen und bei milder Hitze circa 20 Minuten garen lassen. Gegen Ende fein gehackte Petersilie überstreuen. Joghurt mit fein gehackter Minze verrühren. Mit den Gewürzen abschmecken.*

Mangoldröllchen mit Hirsefüllung

Zutaten für 2 Portionen:

1	**Zwiebel**
1 Stück	**Ingwer (nussgroß)**
1	**große Möhre**
1 EL	**Olivenöl**
100 g	**Hirse**
1/2 l	**Gemüsebrühe**
	Salz, schwarzer Pfeffer
6–8	**große Mangoldblätter**
1 EL	**Magerquark**
1	**Ei**
2 EL	**Paprikamark**
1 TL	**Joghurt, fettarm**
1–2 TL	**heller Soßenbinder**
1 Bd	**Schnittlauch**

▸ *Zwiebel und Ingwer pellen und fein würfeln. Möhre schälen und grob raspeln. Das Öl erhitzen, Zwiebel, Ingwer und Möhre kurz dünsten. Die Hirse zugeben. Mit 1/4 Liter Brühe auffüllen und zugedeckt 20 – 25 Minuten garen. Mit Salz und Pfeffer abschmecken. Etwas abkühlen lassen. In der Zwischenzeit die Mangoldblätter 1 Minute im kochenden Salzwasser blanchieren, abtropfen lassen und die Mittelrippen flach schneiden. Quark und Ei unter die Hirsemasse rühren. Auf den Mangoldblättern verteilen und fest aufrollen, dabei die Seiten einschlagen. Die restliche Brühe mit Paprikamark verrühren, in einem weiten Topf erhitzen und die Röllchen 10 Minuten darin garen. Mangoldröllchen aus der Soße nehmen, Joghurt und Soßenbinder einrühren und einmal aufkochen. Mit Salz und Pfeffer abschmecken, die Schnittlauchröllchen zugeben. Soße über die Mangoldröllchen gießen oder getrennt servieren.*

Bindemittel, fettarm

▸ Soßenbinder ist eine schnelle und unkomplizierte Möglichkeit zum Andicken von Soßen. Er besteht im Wesentlichen aus Stärke. Mehlschwitze-Pulver enthält dagegen reichlich – gehärtete – Fette. Eine besonders kaloriensparende Alternative sind pflanzliche Bindemittel aus Johannisbrotkernmehl (z.B. Biobin, Nestargel).

Reis: Variationsreichtum

Die Vielfältigkeit der verschiedenen Reissorten kann nur genießen, wer Abstand nimmt vom Kochbeutel. Loser Reis gelingt, wenn einige Grundregeln beachtet werden:

- Das Wasser-Reis-Verhältnis muss stimmen und ist je nach Sorte unterschiedlich.
- Reis während des Kochens bzw. Quellens auf keinen Fall umrühren, da er sonst anbrennt.
- Körnigen Reis erhält man, wenn der Reis vor dem Kochen gründlich in kaltem Wasser gewaschen wird.
- Naturreis erst nach dem Garen salzen, da die Körner sonst hart bleiben.

Biryani mit Spinat

Zutaten für 2 Portionen:

250 g	**Blattspinat**
1 EL	**Sonnenblumenöl**
1	**Zwiebel**
1	**Knoblauchzehe**
125 g	**Basmatireis**
2 TL	**mildes Currypulver**
300 ml	**Gemüsebrühe**
2 EL	**Rosinen,**
	Koriander, Kreuzkümmel
1 EL	**Mandelsplitter**

▸ *Das Öl erhitzen. Zwiebelwürfel, durchgepresste Knoblauchzehe und Reis glasig dünsten. Curry darüber stäuben. Brühe und Rosinen zugeben. Aufkochen und den Reis zugedeckt bei milder Hitze – Elektroherd einfach ausschalten – ausquellen lassen. Währenddessen den gewaschenen und verlesenen Spinat tropfnass in einem heißen Topf zusammenfallen lassen. In einem Sieb abtropfen lassen und unter den gegarten Reis heben. Mit Koriander oder Kreuzkümmel abschmecken. Mandelsplitter in einer trockenen Pfanne goldbraun rösten und darüber streuen.*

Variation

▸ Möhren und 1/2 Banane statt Spinat verwenden. Auch lecker: mit Korianderblättern und Salz gewürzter Joghurt als Soße dazu.

Duftreis/Basmati

Diese aus Indien oder Thailand kommenden Reissorten haben einen intensiv aromatischen Duft und eignen sich besonders gut für orientalische Gerichte. Grundrezept: 1 Teil Reis und 1,5 Teile Wasser. Reis mit Wasser im geschlossenen Topf kurz aufkochen lassen, Hitze drosseln – Elektroherd ausstellen – und ausquellen lassen, bis alles Wasser aufgenommen ist. Nicht umrühren.

Naturreis / Vollkornreis

Er schmeckt körnig-kernig und passt zu kräftig gewürzten Soßen. 1 Teil Reis mit 3–4 Teilen Wasser über Nacht einweichen, im geschlossenen Topf aufkochen und circa zehn Minuten köcheln lassen, dann 30 Minuten ausquellen lassen. Wurde das Einweichen vergessen, verlängert sich die Kochzeit.

Parboiled Reis

Bei diesem Verfahren werden vor dem Schälen mit Hilfe von Druck und Dampf die Vitamine und Mineralstoffe, die sich in den Randschichten des Reises befinden, ins Korninnere gepresst. Auf diese Weise bleiben die Nährstoffe im Korn und es erhält die weiße Farbe. Ballaststoffe gehen jedoch verloren. Reis-Wasser-Verhältnis 1:2.

Risotto oder Avorioreis

Dieser italienische Rundkornreis benötigt zum Garen viel Flüssigkeit, Brühe oder Wein, und muss ständig gerührt werden, damit das fertige Risotto die richtige cremige Konsistenz, das einzelne Reiskorn innen aber noch Biss hat. Das Verhältnis von Reis zu Flüssigkeit ist 1:3.

Reis entwässert

Wegen seines hohen Kaliumgehaltes kurbelt Reis die Wasserausscheidung an, vorausgesetzt, er wird ohne Salz gegart. Die gleiche Wirkung hat frisches Gemüse. Davon wird man zwar kurzfristig leichter, Fett wird aber nicht abgebaut.

Hübscher Mix

▸ Farbenfroh ist eine Mischung aus verschiedenen Reissorten wie Wild-, Vollkorn- und Langkornreis. Auch lecker: Reis gemischt mit anderen Getreidesorten.

Fleisch,
Fisch,
Wurst
und
Käse
Versteckten Fetten auf der Spur –
FAHNDUNG
Wer sind die beiden Unbekannten?
Wo halten sie sich auf?
»Klasse statt Masse!«

Klasse statt Masse: Artgerechte Tierhaltung

Ein Interview mit einem Öko-Bauern

Sie sind zu Gast auf dem Bioland-Hof Timmermann in Sülldorf bei Hamburg, der seit 1989 von Agnes und Wilhelm Timmermann ökologisch bewirtschaftet wird. Neben Kartoffeln, Gemüse und Getreide werden dort auch Eier, Fleisch und Wurst erzeugt und verkauft.

Welche Fleischsorten sind bei Ihnen erhältlich und woher kommt das Fleisch?

In unserem Hofladen verkaufen wir Rindfleisch, Wurstwaren und Suppenhühner von unserem Hof, Puten- und Schweinefleisch und Hähnchen sowie zur Weihnachtszeit Enten und Gänse, die wir von anderen Bioland-Höfen aus der Region beziehen.

Wer kauft denn bei Ihnen Fleisch und was sind die Beweggründe Ihrer Kunden?

Unsere Kunden kommen aus allen Gesellschaftsschichten und meistenteils aus der näheren Umgebung. Das Vertrauen in die Herkunft und der bessere Geschmack führt die Kunden zu uns. Unsere Kunden können die Tiere jederzeit sehen und sich davon überzeugen, dass sie natürlich aufwachsen.

Artgerechte Tierhaltung – was bedeutet das auf Ihrem Hof?

Unsere Tiere haben reichlich Auslauf im Stall und auf der Weide, die Hühner haben einen großen Obstgarten, in dem sie nach Herzenslust scharren, kratzen und sandbaden können. Unsere Tiere werden nicht auf schnelle Gewichtszunahme gemästet und leben länger, z.B. werden die Ochsen drei Jahre und damit circa doppelt so alt wie Schlachtrinder in der konventionellen Tierhaltung. Medikamente bekommen die Tiere nur, wenn sie krank sind und der Tierarzt es für unvermeidlich hält. Das ist aber nur selten nötig, da in der ökologischen Landwirtschaft häufig so genannte Robustrassen gehalten werden, die weniger krankheitsanfällig sind.

Bekommen denn Ihre Tiere spezielles Futter?

Wir füttern hauptsächlich Futter vom eigenen Hof. Die Rinder fressen Gras bzw. Grassilage und Getreide, die Hühner und unsere beiden Schweine Getreide und Gemüseabfälle. Wenn es mal knapp wird, kaufen wir Getreide von anderen Öko-Höfen dazu. Sojaprodukte, Masthilfsmittel, Tierkörpermehle, prophylaktische Medikamente und Farbstoffe werden bei uns nie verfüttert.

Wie wirkt sich dies auf die Qualität des Fleisches aus?

Ökofleisch ist weniger wasserhaltig und schrumpft daher beim Kochen nur minimal. Da das Fleisch langsamer gewachsen ist, ist es aromatischer.

Nicht jeder Feinschmecker kann sein Fleisch auf Ihrem Hof einkaufen. Wie können sich Verbraucher vor Schummelware schützen?

Der sicherste Weg ist es natürlich, sein Fleisch direkt beim Erzeuger zu kaufen. Bezugsquellen für Bio-Fleisch können bei örtlichen Verbraucherberatungsstellen oder der AGÖL (*siehe Seite 127*) erfragt werden. Auch die Verbandssiegel der anerkannten Bioverbände weisen echtes Öko-Fleisch aus. Darauf sollten Verbraucher achten.

Offen gefragt – ist Fleisch aus ökologischer Erzeugung für die meisten Familien nicht viel zu teuer?

Qualität hat natürlich ihren Preis, das ist bei Mode, Wein und natürlich auch beim Fleisch so. Letztlich ist es eine Frage der Prioritäten. Unsere Kunden entscheiden sich für hochwertiges Fleisch und genießen dann lieber weniger, d. h. seltener oder kleinere Portionen – was ja ohnehin gesünder ist.

Eine Frage zum Schluss: Wird in Ihrer Familie Fleisch gegessen?

Ja, natürlich, aber auch nicht täglich und dann eher als kleine Genussbeilage.

Muss es immer Fleisch sein?

Wenn Sie diese Frage mit »ja« beantworten und dennoch mit gutem Gewissen weiter genießen wollen, helfen die Informationen in diesem Abschnitt weiter.

»Fleisch ist ein Stück Lebenskraft«; kaum ein anderer Werbeslogan der deutschen Landwirtschaft hat sich so in das Unterbewusstsein der Bevölkerung eingegraben wie dieser.

Fleischerzeugung mit Herz – hier werden die Tiere noch artgerecht gehalten

Industrielle Fleischerzeugung und die beständige Verbrauchernachfrage nach billigen Produkten haben aber der Fleischqualität häufig keinen Dienst erwiesen: Schrumpfschnitzel, Salmonellen und Dioxin in Geflügel, BSE-Gefahr in Rindfleisch, Hormone im Kalbfleisch, antibiotikagemästetes Putenfleisch – die Liste scheint kein Ende zu nehmen. Was Ernährungsaufklärung in Jahren nicht geschafft hat, den Fleischskandalen ist es gelungen: Der Fleischappetit der Deutschen, jahrzehntelang im Aufwind, stagniert.

Weniger Fleisch zu essen ist im Trend. Zwar enthält Fleisch hochwertiges Eiweiß, B-Vitamine und Eisen, allerdings auch stoffwechselbelastende Purine, Cholesterin und je nach Sorte mehr oder weniger gesättigte Fette.
Ob Fleisch dick macht oder nicht, hängt vom Fettgehalt, der verzehrten Menge und natürlich der Zubereitung ab. Ob Rind, Schwein, Lamm, Kalb oder Huhn, jedes Tier liefert fette und magere Fleischsorten. Kaufen Sie mit gesundem Menschenverstand und mit den Augen ein. Seriöse Fachhändler geben gerne Auskunft über Aufzuchtbedingungen und Herkunft der Schlachttiere.

Für alle Fleischfans gilt: Qualität geht vor Menge. Gönnen Sie sich wirklich hochwertiges Fleisch, aber mit Rücksicht auf Haushaltsbudget und Figur in kleineren Portionen und nicht unbedingt jeden Tag.

Kalabrisches Hähnchen

1	**Bio-Hähnchen**
1 kg	**Kartoffeln**
500 g	**Tomaten aus der Dose (oder frische geschälte)**
1	**rote Peperonischote, scharf**
8 Zehen	**Knoblauch**
1 Zweig	**frischer Rosmarin**
1 Bd	**frischer Thymian**
	Salz und Pfeffer

Hähnchen gründlich waschen und vorbereiten. Sichtbares Fett herausschneiden. Salzen und pfeffern. Knoblauchzehen schälen und in Stücken lassen, einige in das Hähnchen füllen. Hähnchen in einen Bräter legen. Kartoffeln schälen und in Achtel schneiden. Um das Hähnchen schichten und mit dem restlichen Knoblauch bestreuen. Kräuter waschen und zusammenbinden. Mit der Peperoni in den Topf legen. Tomaten mit der Soße darüber gießen. Frische Tomaten vorher vierteln. Deckel des Bräters gut schließen. Bei 150 °C etwa zwei Stunden im Backofen lassen. Das Fleisch muss fast von selbst vom Knochen fallen. Kräuter und Peperoni entfernen.
Dazu passen Salat und Paprikagemüse.

Versteckte Fette

Sichtbares Fett zu reduzieren funktioniert durch gezielte Zubereitung. Fetträder am Schinken oder Kotelett kann man abschneiden, Butter, Margarine und Öl abmessen. Wer weniger versteckte Fette essen will, dem hilft zu wissen, wo sie drin sind, welche Alternativen es gibt und was man wo gezielt einkaufen kann. Dabei muss keinesfalls immer auf ausgewiesene Light- oder Diätprodukte umgeschwenkt werden.

Diese Fleischsorten haben wenig Fett:

Schwein	Nuss, Filet, Lende, Hüfte, Schnitzel, Kotelett
Rind	Hüfte, Nuss, Filet, Leber, Lende (Roastbeef)
Kalb	Alle Sorten
Pferd	Alle Sorten
Hammel, Lamm	Filet, Schnitzel
Geflügel	Putenbrust, Putenschnitzel, Putenkeule, Hähnchen bzw. Poularde ohne Haut, Hähnchenbrust, Putenleber, Hühnerleber
Wild	Hase, Hirsch, Reh, Fasan, Wildente, Wildschwein, Wachtel

Fett i.Tr.

bezeichnet den Fettgehalt in der Trockenmasse, also im wasserfreien Anteil des Käses. Zur Ermittlung des absoluten Fettgehaltes einfach den angegebenen Wert halbieren. So enthalten 100 g 48 %iger Käse ca. 24 g Fett absolut. bei sehr wasserreichen Käsesorten (Mozzarella, Frischkäse, Brie) liegt der absolute Fettgehalt sogar noch etwas niedriger, bei Hartkäsen (Emmentaler, Parmesan) darüber.

Rechenexempel

Wer täglich 1/2 Liter Milch trinkt und von Vollmilch (3,5 %) auf fettarme Milch (1,5 %) umsteigt, hat nach einem Monat fast unmerklich 250 g Fett eingespart. Das entspricht 1 Paket Butter. Aufs Jahr gerechnet ist das eine Kaloriensparnis von 27 000!

So erkennen und vermeiden Sie versteckte Fette:

Fleisch, Wild, Geflügel

Magere Teilstücke auswählen. Fettbewusst zubereiten. Die Geflügelhaut verwerfen.

Wurst, Aufschnitt, Speck

Fettarme Sorten (bis 15 g Fett/100 g) auswählen, öfter fettarme Brotaufstriche, Quark, Tomaten, Gurken aufs Brot legen. Speck durch Würfelschinken ersetzen.

Fisch

Fettarme Sorten bevorzugen, Dosen-Thunfisch im eigenen Saft verwenden.

Käse

Sorten bis 30 % Fett i. Tr. sind fettarm. Bei Zimmertemperatur schmecken viele Sorten auch mit wenig Fett gut. Fette Käsesorten ohne Streichfett genießen. Magerquark bzw. fettreduzierten Frischkäse bevorzugen.

Milch, Sauermilchprodukte

Bei Milch, Joghurt, Kefir oder Dickmilch Sorten mit maximal 1,5 Fett bevorzugen. Achtung: Manche Diät-Joghurts haben viel Fett. Die lebensmittelrechtlich vorgeschriebene Kalorieneinsparung wird durch die Verwendung von Süßstoff erreicht.
Statt Crème fraîche oder Sahne (30–35 % Fett) Schmand (24 % Fett) oder Saure Sahne (10 % Fett) einkaufen.

Eier

Hier gibt es keine fettarme Einkaufs-Alternative, jedes Eigelb enthält durchschnittlich 7 g Fett, das Eiklar ist allerdings praktisch fettfrei.

Mayonnaise

Salatcreme (50 % Fett) einkaufen und mit Joghurt oder Dickmilch verlängern.

So schmeckt Mageres lecker

Damit mageres Fleisch beim Garen nicht trocken und zäh wird und fade schmeckt, gilt:

- Fleisch etwa 1 Stunde vor der Verarbeitung aus dem Kühlschrank nehmen und bei Zimmertemperatur zubereiten.
- Fleisch auf den Punkt garen und nicht zu lange in der Pfanne oder im Topf lassen.
- Kochfleisch direkt in kochendes Wasser bzw. Brühe geben, damit sich die Poren sofort schließen.
- Grillfleisch und kurz Gebratenes erst nach dem Garen salzen.
- Schmorfleisch immer kräftig anbraten, damit sich die Poren schließen; dann weiterköcheln lassen.
- Phantasievolles Würzen z. B. mit Kräutern, Senf oder Knoblauch intensiviert das Aroma.

Genießertipp Marinieren

▶ Einige Stunden oder besser über Nacht eingelegt wird Fleisch zart und würzig. Zum Anbraten wird dann nur noch wenig Öl benötigt:

- Asiatisch, z. B. für Hähnchen oder Putenbrust: Sojasoße, fein gehackter Ingwer, etwas Honig, wenig Öl.
- Mediterran: reichlich frischer Knoblauch, frischer Rosmarin, etwas Balsamico oder Rotwein, wenig gutes Olivenöl.
- Für Wild: Buttermilch, Lorbeerblätter, Pfefferkörner, Rotwein.

Supergesunder Genuss mit chinesischem Touch

Chinesische Hähnchenpfanne

Zutaten für zwei Portionen:

1	**haselnussgroßes Stück Ingwer**
1	**Knoblauchzehe**
1	**Zwiebel**
3 EL	**Sojasoße**
1	**Saftorange (Saft)**
1 TL	**Stärke**
1 Msp	**Sambal oelek**
250 g	**Hähnchenbrustfilet**
1	**rote oder gelbe Paprikaschote**
3 Stangen	**Bleichsellerie**
1 EL	**Sonnenblumenöl**

▶ *Ingwer, Knoblauch und Zwiebel schälen und fein hacken. Mit Sojasoße, Orangensaft, Stärke und Sambal oelek verrühren. Das Hähnchenfleisch in Streifen schneiden und in die Marinade legen. Einige Stunden oder über Nacht marinieren. Abtropfen lassen, dabei die Flüssigkeit auffangen. Paprikaschoten und Bleichsellerie in feine Streifen schneiden. Öl in einer beschichteten Pfanne oder im Wok erhitzen, die Fleischstreifen darin rundherum anbraten, dann herausnehmen. Das Gemüse in demselben Öl scharf anbraten. Das Fleisch wieder zugeben und die Marinade darüber gießen. Einmal aufkochen lassen und mit Reis servieren.*

Variationen

▶ Schmeckt auch mit Garnelen, magerem Schweinefleisch oder festfleischigem Fisch, z. B. Rotbarsch.

▶ Andere Gemüsesorten können verwendet oder bei mehreren Portionen ergänzt werden: Möhren, Lauch, Zuckerschoten, Brokkoli, chinesische Pilze, Soja- oder Bambussprossen, Frühlingszwiebeln.

Vorsicht vor Paniertem!

▶ Ob Wiener Schnitzel, Chicken-Nuggets, paniertes Kotelett oder Fischfilet: Damit es richtig gut schmeckt, braucht die knusprige Hülle viel Fett. Ursprünglich Mageres wird so zur Fett- und Kalorienbombe. So enthält ein Schweineschnitzel (150 g) paniert gebraten 18 g Fett, natur gegrillt dagegen nur 3 g Fett.

Gegrilltes

Grillen ist eine Fett sparende Garmethode für Fleisch, aber auch für Fisch. Während das Gargut brutzelt, kann das Fett abtropfen. Magere Fleischstücke schmecken in jedem Fall besser, wenn sie vorher mariniert werden. Sie sind eine figurfreundliche Alternative zu fetttriefenden Grillklassikern wie Würstchen oder Schweinebauch. Gepökeltes wie beispielsweise Kassler oder Schinkenwurst hat auf dem Grill nichts zu suchen: Durch die große Hitze entwickeln sich Krebs erregende Nitrosamine. Besser und auch lecker sind Fleischspießchen mit magerem Fleisch, Zwiebeln und Pilzen. Aktivieren Sie also öfter mal die Grillfunktion in Ihrem Backofen. Falls nicht vorhanden, ist stattdessen eine gusseiserne Grillpfanne praktisch, in der das Fett in die Rillen ablaufen kann.

Grillen in der Pfanne – das Fett läuft in die Rillen

Garen im Römertopf

In vielen Haushalten verstaubt er in unzugänglichen Schrankecken – der Römertopf. Ein Come-back hätte er verdient, denn gerade magere Fleischgerichte gelingen in der tönernen Deckelschüssel hervorragend.
Vor dem Gebrauch muss der Tontopf mindestens eine Stunde gewässert werden. Während des Garvorganges wird dieses Wasser dann an das Gargut nach und nach wieder abgegeben. So bleibt selbst mageres Fleisch saftig. Gemüse und Kartoffeln können gleich mitgegart werden. Wer keinen Römertopf hat, kann einen Bratschlauch verwenden.

R

Lammspieße mit Zitrone

250 g Lammrückenfilet am Stück
12 halbe Knoblauchzehen oder Pilze
1 Zitrone mit unbehandelter Schale
bunter Steakpfeffer
Salz
4 Spieße

▶ *Fleisch in 12 Streifen schneiden. Pilze putzen. Zitrone heiß abwaschen und vierteln, jedes Viertel noch einmal halbieren. Die Spieße werden so gesteckt: Fleischstreifen an einem Ende, dann Knoblauch oder Pilze, dann das andere Fleischende, dann Zitronenstück, dann wieder Fleisch usw. Spieße mit Steakpfeffer würzen und 10 Minuten grillen – Holzkohle, Gas- oder Elektrogrill, Grillpfanne –, danach salzen und mit Brot und Salat servieren.*

Schweinefleisch mit Schalotten und Backpflaumen aus dem Römertopf

500 g Schweineschnitzel am Stück
12 Backpflaumen
500 g Kartoffeln
250 g Schalotten
Salz
schwarzer Pfeffer aus der Mühle
2 Lorbeerblätter
1/8 l Fond oder Fleischbrühe

▶ *Tontopf etwa 1 Stunde wässern. Fleisch in mundgerechte Stücke schneiden, zusammen mit den Backpflaumen, geschälten Kartoffeln und den gepellten Schalotten in den Tontopf geben. Mit Salz und Pfeffer würzen. Lorbeerblätter zugeben und mit Fond aufgießen. Topfdeckel schließen und in den kalten Ofen stellen. Bei 200 °C (Umluft 180 °C, Gas Stufe 3) 1 Stunde sanft schmoren. Lorbeerblätter entfernen.*

Hier geht's um die Wurst!

Eine zünftige Bratwurst auf dem Volksfest ist schnell gegessen. Ein paar Bissen, dann ist sie weg – und schlägt sich mit bis zu 43 g Fett und 460 Kalorien auf die Hüften. Hier gibt es fast keine fettarme Alternative, auch Wienerle, Saiten-, Bock- und Knackwürste sind fast ebenso fettreich. Rat für figurbewusste Würstchenfans: Eher kleine Würstchen auswählen, davon nur eines, das nicht zu oft, dann aber ohne schlechtes Gewissen verspeisen. Eine mögliche Alternative: Probieren Sie fettreduzierte Würstchen aus Geflügel oder Rindfleisch.

Deutschland ist ein Wurstland, unzählige Sorten und regionale Spezialitäten sind erhältlich und landen tagtäglich auf deutschen Stullen. Der Fettgehalt mancher Wurstscheibe ist beträchtlich. Fettarme Alternativen werden in fast jedem Supermarkt oder beim Fleischer angeboten. Fragen Sie ausdrücklich danach. Bei verpacktem Wurstaufschnitt geben die aufgedruckten Nährwertangaben Aufschluss über die enthaltene Fettmenge. Ein Fettgehalt bis circa 15 g pro 100 g Wurstaufschnitt ist fettarm.
Es muss nicht jedes Brot mit Wurst belegt werden. Eine fettfreie, knackige und vitaminreiche Alternative: Gurken-, Tomaten-, Schnittlauch- oder Radieschen-Brot.

Fettarme Wurstsorten (je 30 g)	Fett
Aspik-Wurst	1–3 g
Bündner Fleisch	3 g
Corned Beef	2–4 g
Geflügelaufschnitt	3–5 g
Kassler	1 g
Lachsschinken	1 g
Putenbrust	1 g
Puten-Lyoner	4 g
Rinderschinken	1–3 g
Schinken, gekocht	1 g
Thüringer Blutwurst	3 g

Zum Vergleich ...	Fett
Fleischkäse	9 g
Jagdwurst	9 g
Leberwurst	9–11 g
Mettwurst	11 g
Salami	10–11 g
Teewurst	11–12 g
Zwiebelwurst	14 g

Sommerspaß Grillen

▶ Hier stehen meist Fleisch und Würstchen im Mittelpunkt. Am gesündesten ist ein Elektrogrill oder Holzkohlegrill mit aufrecht stehendem Glutbett, so wird die Entstehung Krebs erregender Benzpyrene durch herabtropfendes Fett und Fleischsäfte vermieden. Damit häufige Grillfeste nicht zum Figurkiller werden, bevorzugen Sie besser Fettarmes wie marinierte Hähnchen- oder Putenbrust, Hähnchenschlegel, Fisch oder Scampi-Spießchen und planen Sie vielfältige fettarme Beilagen wie Salate, Rohkost mit Dips, Maiskolben, Kartoffeln mit Quark und Brot ein. Süßes I-Tüpfelchen: Gegrillte Bananen oder Pfirsiche. Bananen einfach in der Schale auf den Grill legen und grillen, bis die Schale dunkelbraun ist. Gewaschene Pfirsiche fest in Alufolie einwickeln und grillen, bis sie weich sind.

»Light«-Wurst

▶ Sie kann das Fettkonto manches Wurstfans erleichtern. 30 % Kalorienverminderung gegenüber dem üblichen Vergleichsprodukt sind für Light-Lebensmittel gesetzlich vorgeschrieben. Weniger Fettes, dafür mehr Fleisch oder Wasser und Bindemittel machen Light-Wurst schlanker. Allerdings: Die Fettbomben Leber- und Teewurst sind selbst als fettreduzierte Variante immer noch nicht fettarm. Ein Blick auf die Verpackung vor dem Einkauf verschafft Klarheit. Etliche Wurst- und Aufschnittsorten sind von Natur aus fettarm – also »light«.

Bayrisch

Für ihre Fettarmut ist sie nicht bekannt, die bayrische Küche. Manche Brotzeit ist aber diätfreundlicher als ihr Ruf. Ein Rettich wird geputzt und in eine lange, feine Spirale geschnitten und gesalzen. Dazu gibt es frisch gebackene Laugenbrezeln ohne Butter. Statt dem ortsüblichen Bier darf es auch mal ein Wasser sein.

Abwechslung auf der Stulle

Selbst gemachte Brotaufstriche machen es möglich. Weil sie cremig sind, schmecken sie auch ohne Streichfett.

Hoummous bi Tahin

200 g	Kichererbsen
1 EL	Olivenöl
50 g	Sesammus (Tahin)
2 EL	Zitronensaft
1 Bd	gehackte Petersilie
1	Knoblauchzehe, zerdrückt
	Salz

Kichererbsen abspülen und über Nacht einweichen. In 90 Minuten gar kochen. Abgießen, Kochwasser auffangen. Kichererbsen noch warm mit etwas Kochwasser fein pürieren. Die anderen Zutaten unterrühren. Evtl. noch etwas Kochwasser zugeben, bis eine cremige Masse entstanden ist. Wenn es schnell gehen soll, können auch Kichererbsen aus der Dose verwendet werden.

Nicht nur als Brotaufstrich geschmackvoll

Liptauer Quark

2	kleine Zwiebeln
1 Bd	Schnittlauch
1 TL	Kapern
1	Sardellenfilet
250 g	Magerquark
50 g	weiche Butter
1 TL	scharfer Senf
1 EL	edelsüßes Paprikapulver
1/2 TL	gemahlener Kümmel
	Salz
	edelsüßes Paprikapulver

Die Zwiebeln sehr fein hacken, den Schnittlauch waschen, trockenschwenken und in Röllchen schneiden, Kapern und Sardellenfilet abtropfen lassen und fein hacken. Den Quark mit der Butter und dem Senf verrühren. Schnittlauch, Kapern, Zwiebeln und Sardellenfilet unterrühren. Den Aufstrich mit Paprika, Kümmel und Salz pikant würzen und mit Paprikapulver bestäubt anrichten.

Vegetarische Brotaufstriche

Im Reformhaus oder Bioladen gibt es sie mittlerweile in großer Auswahl. Sie werden auf der Basis von Hülsenfrüchten, Hefe oder Tofu (Sojaquark) hergestellt. Doch nicht alle sind auch fettarm – deshalb die Nährwertangaben auf der Packung lesen.

Indisch

Fladenbrot wird in Indien nicht als Grundlage für den Belag betrachtet, sondern als essbares Besteck, mit dem das Essen aufgefischt wird. Reis mit gelben Linsen, scharf gewürzt, wird unter einem gerissenen Stück Fladenbrot zu einer Esskugel geformt und als Ganzes in den Mund gesteckt. Das Brot mildert die tränende Schärfe. Gelbe Linsen lassen sich auch als Brotaufstrich nutzen.

Fisch: Leichtes aus Meer und Seen

Unerschöpfliche Vielfalt – frischer Fisch

Was am Mittelmeer und für norddeutsche »Fischköppe« selbstverständlich ist, kommt bei Bewohnern des meeresfernen Binnenlandes oft zu kurz – regelmäßiger Fisch-Genuss! Dabei gehört Fisch zu den gesunden und meist auch fettarmen Lebensmitteln. Seefisch enthält außerdem viel vom Mangelmineralstoff Jod. Ernährungsexperten empfehlen zwei Seefisch-Mahlzeiten pro Woche, damit die nötige Jodzufuhr erreicht wird. Fisch zuzubereiten ist leicht. Nur wenige Kniffe sind zu berücksichtigen, um aus den Wassertieren leckere Gerichte auf den Teller zu zaubern – die auch Figurbewusste ohne Reue genießen dürfen. Ob als südfranzösische Bouillabaisse, als mediterranes Gratin, gedünstet, gegrillt, klassisch norddeutsch mit Senfsoße, als Ragout, Sushi oder Salat: Die Rezeptvariationen sind unerschöpflich.

Nur wenige haben das Glück, Fisch direkt vom Kutter zu kaufen. Alle anderen müssen ihrem Fischhändler und ihrer Nase trauen. Wenn wirklich frischer Fisch nicht zu bekommen ist, greifen Sie auf tiefgekühlte Ware zurück.

Edel

▶ Lachs gilt als edel, ist aber fett. In fast allen Rezepten können Sie Lachs durch Zander ersetzen. Schmeckt auch edel und spart Fett.

Fettgehalte von frischem Fisch und Schalentieren

Fischsorte je 150 g	Fett
Aal	37 g
Austernfleisch	1,5 g
Brasse/Dorade	8 g
Felchen	5 g
Forelle	4 g
Rotbarsch	5 g
Hecht	1 g
Hering	27 g
Hummer	3 g
Kabeljau	1 g
Karpfen	7 g
Krabbe	1,5 g
Krebsfleisch	3 g
Lachs	20 g
Makrele	18 g
Miesmuschelfleisch	1,5 g
Sardine	8 g
Scampifleisch	1,5 g
Schellfisch	1 g
Scholle	3 g
Seelachs	1 g
Seeteufel/Loup de Mer	1 g
Seezunge	2 g
Shrimpsfleisch	1,5 g
Steinbutt	3 g
Thunfisch	23 g
Tintenfisch	1 g
Zander	1 g

Das »Drei-S-System«

Egal, ob frischer oder aufgetauter Tiefkühlfisch: Mit Hilfe des Drei-S-Systems – Säubern, Säuern, Salzen – wird Fisch perfekt vorbereitet.

Säubern: Fischfilet von restlichen Gräten befreien, am besten mit einer ausrangierten Pinzette. Schuppenfische entschuppen, dafür mit dem Rücken eines kräftigen Messers Schuppen gegen den Strich abstreifen. Fisch unter fließendem kalten Wasser gründlich waschen.

Säuern: Fischfleisch mit Zitronensaft oder Essig beträufeln und bis zur Weiterverarbeitung etwas ruhen lassen.

Salzen: Erst unmittelbar vor der Weiterverarbeitung salzen, damit das zarte Fischfleisch nicht ausgelaugt wird.

Fisch-Eintopf »Bouillabaisse-Art«

400 g	**Tomaten**
400 g	**Rotbarschfilet**
2 EL	**Zitronensaft**
2 Stangen	**Porree**
2	**Zwiebeln**
2	**Knoblauchzehen**
2 EL	**Olivenöl**
4	**Lorbeerblätter**
4	**Thymianzweige**
2 Msp	**Safran**
	Salz
400 ml	**Fischfond**
200 g	**Garnelen oder Scampifleisch**

▶ *Tomaten häuten, grob würfeln. Das Fischfilet säubern, mit Zitronensaft beträufeln, salzen und in mundgerechte Stücke schneiden. Porree putzen, waschen, würfeln, mit fein gehackter Zwiebel und Knoblauch im Öl glasig dünsten. Topf vom Herd ziehen und die anderen Zutaten einschichten: zunächst Fisch, dann Lorbeerblätter, Thymian und Safran, obenauf die Tomatenwürfel. Vorsichtig mit Fischfond aufgießen, so dass die Zutaten eben bedeckt sind. Aufkochen und bei milder Hitze 10 Minuten ziehen lassen. Garnelen zugeben und kurz erhitzen. Dazu passt Baguette-Brot.*

Mediterran genießen

Fischfilet »Provençal«

800 g	**Seefischfilet (Kabeljau, Seelachs)**
800 g	**vollreife Tomaten**
2 EL	**Olivenöl**
1	**Knoblauchzehe**
2 EL	**Kräuter der Provence**
1	**Zitrone (Saft)**
50 g	**frischer Parmesankäse**
	Salz, frisch gemahlener Pfeffer

▶ *Ofen auf 180 °C vorheizen. Fischfilets waschen, von eventuellen Gräten befreien, trockentupfen. In große Stücke schneiden und mit Zitronensaft beträufeln. Tomaten mit kochendem Wasser überbrühen, einzeln herausfischen, enthäuten, Blütenansätze abschneiden und grob würfeln. Olivenöl mit dem zerdrückten Knoblauch in einer beschichteten Pfanne erhitzen. Tomaten und Kräuter zugeben und unter gelegentlichem Rühren einkochen lassen, bis die Soße beginnt, sämig zu werden. Mit Pfeffer und Salz abschmecken. Fisch salzen und in eine sparsam geölte, flache Auflaufform legen. Tomatensoße darüber verteilen, mit frisch geriebenem Parmesan bestreuen und etwa 35 Minuten im Ofen backen. Dazu passen Baguette oder Reis.*

Fischgeruch beseitigen

- Gegen fischige Kochgerüche hilft ein gut mit Essigwasser angefeuchtetes Geschirrtuch – zwischen Topf und Deckel legen oder nach dem Kochen einige Minuten in den müffelnden Räumen damit wedeln.
- Zitronenscheiben im Spülwasser oder in der Spülmaschine neutralisieren Fischgeruch auf dem Geschirr.

Auch für besondere Anlässe geeignet

Fisch in Folie

Fisch zum Garen im Ofen oder auf dem Grill in Alufolie zu verpacken schmeckt äußerst lecker und hat viele Vorteile. Die Zubereitung ist auch für Kochungeübte denkbar einfach.
Aromastoffe und Vitamine bleiben optimal geschont und fischige Kochgerüche halten sich in Grenzen. Ein aufgeschnittenes Portionspäckchen Folienfisch auf dem Teller sieht edel aus und eignet sich auch mal für besondere Anlässe. Ein weiterer Pluspunkt: Zum Garen wird nur wenig Fett benötigt. Glänzende Seite der Folie mit wenig Öl oder Butter bepinseln, vorbereiteten Fisch – »Drei-S-System« – darauf legen. Wahlweise frische Kräuter, Gewürze, Zwiebelringe, Knoblauch, Tomatenscheiben oder Gemüseraspel darauf verteilen. Lose verpacken, Ränder dabei fest schließen, zwei- bis dreimal anpieksen und ab in den Ofen …
Stattdessen kann der Fisch auch im Römertopf oder in einer Auflaufform mit Deckel gegart werden.

Roter Heringssalat mit Joghurt

2	**saure Heringsfilets, ca. 300 g (Glas)**
1	**großer Apfel**
1	**Gewürzgurke**
150 g	**kleine Rote Bete (Glas)**
1	**kleine Zwiebel**
2 EL	**Joghurt, 1,5%**
	Salz, Pfeffer, Gurkenwasser

▸ *Rote Bete würfeln. Die anderen Zutaten ebenfalls putzen und klein schneiden. Joghurt mit etwas Gurkenwasser verrühren, würzen und alles mischen.*

Kochen oder Dünsten

Beide Garmethoden sind fettarm, beim Dünsten kommt, ähnlich wie beim Garen in der Folie, das Aroma des Fisches und der weiteren Zutaten wunderbar zur Geltung. Kochfisch müsste eigentlich Siedfisch heißen. Damit das zarte Fischfleisch nicht zerfällt, darf es auf keinen Fall sprudelnd kochen, sondern nur ganz zart sieden. Besser als in gesalzenem Wasser gegart schmeckt es aus dem Sud. Dafür werden Fischabfälle – Gräten und Köpfe – vom Fischhändler mit einem Stückchen Möhre, einigen Zwiebelstückchen, wenigen Pfefferkörnern, einem Lorbeerblatt, etwas Petersilie, Weißwein, Zitronensaft, Salz und Wasser ausgekocht. Abseihen und den vorbereiteten Fisch darin gar ziehen lassen. Wer Schwierigkeiten hat, Fischabfälle zu bekommen, kann Fischfond aus dem Glas verwenden.

Schellfisch mit Senfsoße

Zutaten für zwei Personen:

1	**Zwiebel**
1	**Möhre**
4 EL	**Essig**
1	**Lorbeerblatt**
2 Stücke	**Schellfisch zu 200 g**
	Zitronensaft
150 g	**Magermilchjoghurt**
1–2 EL	**Senf**
1 Messlöffel	**pflanzlicher Soßenbinder**
	Salz, weißer Pfeffer

▸ *Zwiebel pellen und halbieren. Möhre schälen und grob zerteilen. 2 l Wasser in einem großen Topf mit dem Gemüse, Essig, Lorbeerblatt und 1 EL Salz aufkochen. Fisch säubern, mit Zitrone beträufeln und salzen. In den Sud legen und ca. 15 min gar ziehen lassen, aber nicht kochen. Schellfisch aus dem Sud heben und warm stellen. 1/8 l Fischsud in einem kleinen Topf mit Joghurt, Senf und Soßenbinder verrühren. Unter ständigem Rühren aufkochen. Mit Zitronensaft, Salz und Pfeffer abschmecken und zu dem Fisch servieren.*

R

Rinder-Frikadellen

Zutaten für sechs Stück:

1	**kleine Zwiebel**
250 g	**mageres Rinderhack oder Tatar**
1–2 EL	**Magerquark**
1 Bd	**glatte Petersilie**
	Pfeffer und Salz
1 TL	**Sonnenblumenöl**

Zwiebel fein würfeln, mit Fleisch, Quark, fein gehackter Petersilie verkneten und mit Pfeffer und Salz würzen. Sechs kleine Frikadellen formen und in einer beschichteten Pfanne in heißem Öl circa 10 Minuten von beiden Seiten goldbraun braten.

Varianten

- Mediterran: statt Petersilie 1TL Kräuter der Provence und 1 zerdrückte Knoblauchzehe unterkneten.
- Orientalisch: statt Petersilie je 1/4 TL Zimt, Thymian, Nelkenpulver sowie eine Prise Kardamompulver untermischen.

Hackfleisch

Aus hygienischen Gründen kalt lagern und immer am Einkaufstag verarbeiten. Fettspartipp: Magere Fleischstücke selbst aussuchen, bevor der Fleischer sie durch den Wolf dreht.

Miesmuscheln im Gemüsesud – fettarm und superlecker

Rheinische Miesmuscheln

3 kg	**frische Miesmuscheln**
1	**Möhre**
1 Stange	**Lauch**
1	**Zwiebel**
1/4 l	**Weißwein**
1/8 l	**Wasser**
3	**Pfefferkörner**
1/2 TL	**Salz**

Jede einzelne Muschel unter fließend kaltem Wasser gründlich abbürsten und mit einem Messer den »Bart« anschneiden. Das Gemüse putzen, in feine Streifen schneiden und in einem großen Topf mit der Flüssigkeit, Salz und Pfefferkörnern zum Kochen bringen. Muscheln in den kochenden Sud schütten, Topf schließen und 10 Minuten kräftig kochen lassen. Den Topf mehrmals kräftig rütteln, damit die Muscheln sich mischen und gleichmäßig gar werden. Gar sind sie, wenn sich alle Muschelschalen geöffnet haben. Muscheln mit einem Schaumlöffel aus dem Sud heben, auf vorgewärmte Suppenteller verteilen und den heißen Sud darüber gießen. Eine am Scharnier zusammenhängende Muschelschale wird als Zange zum Herauslösen des Muschelfleisches benutzt. Dazu passt knuspriges Brot.

Kinderfreundlicher

Der Wein kann gegen Zitronenwasser oder Fischfond ausgetauscht werden.

Miesmuscheln

Sie sind ein typisches Wintergericht. In den Monaten mit »r«, September bis April, sind sie frisch am Markt erhältlich. Frische Muscheln sind vor dem Kochen fest verschlossen, nach dem Kochen weit geöffnet. Ist dies nicht der Fall, betreffende Muscheln aussortieren.

Krabbencocktail

Krabben- oder Shrimpsfleisch auf Salatblättern und mit der *Cocktailsoße von Seite 33* anrichten.

Für Naschkatzen –

Süßes ohne Reue

Bewusstes Naschen erspart ein schlechtes Gewissen.

Schwarze Süße testen

Seien Sie einmal ganz wählerisch. Vergleichen Sie eine gute Bitterschokolade mit einer industriell hergestellten Milchschokolade. Die Bitterschokolade hat einen Kakaoanteil von mindestens 60 %, besser 70–80 % und einen entsprechend niedrigen Zuckergehalt. Die Milchschokolade dagegen enthält häufig bis zu 50 % Zucker, aber nur 20–40 % Kakaobestandteile.

Schokolade verkostet man am besten mit eher leerem Magen und bei Zimmertemperatur. Schon das Betrachten der edel gestalteten Verpackung, das Knistern des Silberpapiers, der matte Glanz und das charakteristische Knacken beim Zerbrechen der Tafel erfreuen Augen und Ohren und wecken die Vorfreude.

Nehmen Sie nun ein Stück von der Bitterschokolade in den Mund. Lassen Sie es zunächst einige Augenblicke auf der Zunge liegen, damit sich mit dem Schmelzen die primären Gewürze und Aromen entfalten können. Die sekundären Aromen werden frei, wenn Sie danach die Schokolade vier- bis fünfmal kauen. Spüren Sie die Konsistenz und erschlecken Sie die Kakaoaromen und den Süßegrad der Schokolade.

Nach 5–10 Minuten und einigen Schlucken neutralisierenden Mineralwassers wiederholen Sie die Verkostung mit der zuckerreichen Milchschokolade. Wie deutlich können Sie die Kakaoaromen wahrnehmen?

Schokolade – das ist drin

Fett in Form von Kakaobutter und Zucker sind die Hauptbestandteile, die je nach Sorte schwanken. 1 Tafel Schokolade enthält zwischen 29 g und bis zu 65 g Zucker und zwischen 27 g und 38 g Fett. Zum Vergleich:
1 Stück Sahnetorte: 20 g Fett
1 Kalbsbratwurst: 37 g Fett
1 Scheibe Brot mit dicker Butter und Salami: 32 g Fett.

Geschmacksknospentraining

▸ Wer viel aushalten muss, wird unsensibel. Wer gewohnt ist, seinen Kaffee mit fünf bis sechs Löffeln Zucker zu süßen, braucht auch in anderen Speisen viel Süße. Schrittweise an weniger Süße gewöhnt, werden die Geschmacksknospen wieder sensibler und empfänglicher für die zahlreichen anderen Aromen.

Qualität statt Quantität: jeder Krümel ein Genuss …

Schokolade – die süße Sünde?

Wer Schokolade liebt, kann nicht von ihr lassen. Gute Schokolade ist ein Genuss erster Güte. Im Mund durch die Körperwärme schmelzend, entfaltet sich die Süße und es werden bis zu 250 Aromastoffe frei. Das im Kakao enthaltene Alkaloid Theobromin gibt seine erfrischend-aufputschende Wirkung frei. Das ebenfalls enthaltene Phenyläthylamin, eine endorphinähnliche Substanz, löst ein euphorisches Glücksgefühl aus. Die Seele seufzt vor Lust.

Dieser Genuss wird jedoch fast immer von einem schlechten Gewissen geschmälert. Sicher, ernährungsphysiologisch ist Schokolade nicht gesund – aber welches Genussmittel ist das schon? In einer christlich geprägten Gesellschaft gelten Genuss und Vergnügen, Lust und Freude immer noch irgendwie als anrüchig, verwerflich oder gar sündig.

Dabei galten Kakao und Schokolade über Jahrhunderte als Heilmittel und Medizin gegen zahlreiche Leiden. Die Ansicht französischer Ärzte im 16. und 17. Jahrhundert, Schokolade helfe u.a. bei »gebrochenem Herzen«, ist auch heutzutage so falsch nicht. Manche Menschen glauben, sie seien geradezu süchtig nach der braunen Masse. Verantwortlich hierfür ist möglicherweise das Phenyläthylamin, dessen glücklich machende, euphorisierende Wirkung immer wieder herbeigesehnt wird, besonders in Lebensphasen, in denen man nicht so glücklich ist. Schokolade zu essen wäre demnach eine Form der »Selbstmedikation«.

Hier soll nicht dem hemmungslosen Schokoladenkonsum das Wort geredet werden, denn zu viel Schokolade schadet sicher der Figur – und den Zähnen. Aber wenn Sie Schokolade lieben, dann genießen Sie sie auch und feilen Sie an Ihrem Geschmack. »Lutschen statt kauen!« und »Klasse statt Masse« hilft dabei.
Eine edle, nach allen Regeln der Kunst hergestellte Schokolade aus dem besten Spezialgeschäft am Ort ist geschmacklich handelsüblicher Supermarktware weit überlegen. Allein die liebevoll gestaltete Verpackung vergrößert den Genuss. Wahre Kenner bevorzugen übrigens Bitterschokolade (60–80% Kakaoanteil), weil in ihr das volle Kakaoaroma nicht durch zu viel Süße überdeckt ist. Die Qualität von Schokolade wird bestimmt von der Auswahl und Mischung der verwendeten Kakaosorten. Gute Schokolade enthält echte Bourbon-Vanille, billige eher synthetisches Vanillin. Der zarte Schmelz entsteht während der Herstellung beim Conchieren, bei dem die noch flüssige Schokoladenmasse gerührt wird. Dieser Prozess dauert bei edlen Sorten eine Woche, bei billigen nur 12 Stunden.

Probieren Sie einmal eine wirklich gute Sorte. Wird man nicht eine Tafel Schokolade, die ein Vielfaches von handelsüblicher Supermarktware gekostet hat, sehr viel bewusster und auch sparsamer genießen? Denn darum geht es: genießen ja, aber in kleinen Mengen und guter Qualität!

Der zarte Schmelz entsteht beim Conchieren

Warm oder kalt?

Bei Temperaturen um 0 °C versagen unsere Geschmacksknospen weitgehend ihren Dienst, am sensibelsten sind sie dagegen bei Körpertemperatur. Dass beispielsweise Cola stark zuckerhaltig ist (8 Würfelzucker pro 0,2 l), ist zwar bekannt, jedoch, eisgekühlt getrunken, wenig schmeckbar. Probieren Sie einmal, Cola in lauwarmem Zustand zu trinken. Es schüttelt Sie nur bei dem Gedanken daran? Kein Wunder, denn so ist die klebrige Süße vollständig zu schmecken.

Ist Zucker unvermeidlich?

Körperlich nicht benötigt

Auch wenn Zucker- und Süßwarenindustrie es gerne anders behaupten: Der Körper braucht keinen raffinierten isolierten Zucker. Was er benötigt, sind Kohlenhydrate, die aber am besten in naturbelassener »verpackter« Form, als Stärkekohlenhydrat in z.B. Brot, Kartoffeln und Nudeln. Den Zucker, den Gehirn und Stoffwechsel für ihre Tätigkeit benötigen, kann der Körper sehr gut selbst aus diesen Lebensmitteln herstellen.

Die Vorliebe für Süßes ist angeboren. Schon Neugeborene bevorzugen diese Geschmacksrichtung. Dies bleibt meist das ganze Leben so. Süßes ist aus unserem Leben nicht wegzudenken. Muss es auch nicht, denn Möglichkeiten für das süße Genießen ohne schlechtes Gewissen gibt es viele. Die »Null-Lösung« bringt gar nichts. Denn durch allzu strenges selbst auferlegtes Süß-Verbot geriet schon manche Diät ins Kippen.

Neuere Untersuchungen belegen außerdem erfreulicherweise: Zucker und Süßes machen nicht zwangsläufig dick! Überrascht? Kaum zu glauben? Wurde doch der Zucker als leerer Kalorienträger jahrelang als der Dickmacher schlechthin verteufelt. Können jetzt alle Naschkatzen aufatmen und Süßes »en gros« essen? Das sicher nicht. Aber mit etwas Wissen über die Zusammensetzung der süßen Verführer und einem gnädigeren Umgang mit den eigenen Süßgelüsten kommen Sie auf den richtigen Weg.

In Maßen genossen ist es nicht der Zucker, der der Figur schadet, sondern das in den meisten Süßigkeiten ebenfalls enthaltene Fett. Eiscreme, Schokolade, Sahnetorte, Pralinen oder Cremespeisen enthalten beträchtliche Mengen davon. Fettarme, meist genauso leckere Alternativen ermöglichen den Süßgenuss ohne Reue – und ohne nennenswerte Auswirkungen auf die Figur.

Die gesündeste Art, seinen Appetit auf Süßes zu stillen, ist frisches Obst und daraus hergestellte Speisen wie Obstsalate, Joghurt oder Quarkspeisen mit Obst, Fruchtgrützen oder -suppen, Geleespeisen, Früchtemüslis. Obst hat anders als Gemüse besonders viel Fruchtzucker – deshalb schmeckt es süß.

So kommen Sie mit weniger Zucker aus

Zucker als Gewürz verstärkt den Eigengeschmack manches Lebensmittels, zu viel erschlägt ihn.

Süßspeisen und Gebäck kommen ohne die süßen Kristalle oder ein anderes Süßungsmittel nicht aus. Es geht aber auch mit weniger. Übrigens: Das Süßempfinden lässt sich trainieren. Wer schrittweise sparsamer süßt und die häufig übersüßten Fertigprodukte im Regal lässt, ist bald auch mit weniger Süßem glücklich.

Vergleicht man verschiedene Kochbücher, fällt auf: Die in den Rezepten angegebenen Zuckermengen für Süßspeisen und Kuchen variieren erheblich, je nach Geschmack der Autorin. Lassen Sie Ihren eigenen Geschmack entscheiden und versuchen Sie Ihre »Hausrezepte« esslöffelweise mit weniger Zucker zu süßen.

In klassischen Kuchenrezepten kann die Zuckermenge meist problemlos um 1/3 reduziert werden. Faustregel: 30–40 g Zucker pro Ei, dies entspricht 2–3 gestrichenen Esslöffeln. Zur Erinnerung: Es ist aber vor allem das Fett im Eigelb und die Butter oder Margarine im Kuchenteig, die dick machen.
In Biskuitteig wird der Zucker auch für die Konsistenz benötigt, als Ausgleich für weniger Zucker stabilisiert ein Spritzer Zitronensaft die Eischneemasse.
Manche Süßspeisen können sehr lecker mit fruchtiger Süße aus klein geschnittenem Trockenobst, z. B. Datteln oder frischem Obst, gesüßt werden. Ideal hierfür sind Bananen, vollreife Birnen, Aprikosen oder Erdbeeren.

Alternative Süßungsmittel wie Ahornsirup, Apfel- oder Birnendicksaft, Honig oder Zuckerrübensirup (Rübenkraut) sind zwar kaum gesünder als Zucker, verleihen aber manchen Süßspeisen auch bei sparsamer Süßung interessante Geschmacksnuancen.

Zucker mit Tarnkappe

Viele Fertiglebensmittel enthalten Zucker, auch solche, bei denen man es gar nicht vermuten würde. Hätten Sie gedacht, dass handelsüblicher Tomatenketschup mit 25% Zucker hergestellt ist? Ein Blick auf die Zutatenliste verrät, ob Zuckriges verarbeitet wurde, je weiter vorne in der Liste, umso größer der Anteil. Dort taucht der Zucker unter vielen Namen auf:

- Saccharose/Zucker
- Glucose/Dextrose / Traubenzucker
- Fructose/Fruchtzucker
- Laktose/Milchzucker
- Maltose/Malzzucker
- Maltodextrin
- Glucosesirup
- Inverzuckersirup
- Rohzucker
- Rohrzucker
- Brauner Zucker

Zucker in vielen Formen und Farben

Gesunde Alternativen?

Die gibt es eigentlich nicht. Natürliche Süßungsmittel wie Honig, Ahornsirup, Rübenkraut, Apfel- oder Birnendicksaft, Ursüße und Melasse enthalten zwar kleine Mengen an Mineralstoffen. Nicht wärmegeschädigter Honig enthält zusätzlich Enzyme, denen antibiotische Eigenschaften zugesprochen werden. Weil sie besonders stark an den Zähnen kleben, wirken sie dort aber eher noch nachteiliger als weißer Haushaltszucker. Ihr starker Eigengeschmack und auch ihr Preis verhindern jedoch ein zu starkes Übersüßen der Speisen. Dies kommt dem Ziel entgegen, insgesamt weniger süß zu essen. Süßspeisen erhalten durch sie interessante Geschmacksnuancen.

Zuckeraustauschstoffe wie Mannit, Xylit, Sorbit, Maltit, Laktit und Isomalt findet man in als »zuckerfrei« deklarierten Süßwaren. Sie bieten eine zahnfreundliche Alternative zu gezuckerten Süßigkeiten. Der Kaloriengehalt ist der gleiche und in zu großen Mengen verursachen sie Blähungen und Durchfall.

Kalorienfrei und ungefährlich für die Zähne sind synthetisch hergestellte Süßstoffe, die als Flüssigsüße, Tabletten oder verarbeitet in vielen »Light«-Lebensmitteln und -Getränken in den Handel kommen. Die Rettung für schlankheitsbewusste Naschkatzen sind sie nicht, nur für Diabetiker ein Hilfsmittel.

Möglicherweise Krebs auslösende Wirkungen der Süßstoffe wurden beim Menschen bisher nicht bestätigt, aber auch nicht widerlegt. Vorsichtshalber sollten die Empfehlungen der WHO für bestimmte Tageshöchstmengen (ADI) nicht überschritten werden:

- Saccharin ADI 2,5 mg/kg Körpergewicht
- Cyclamat ADI 11 mg /kg Körpergewicht
- Aspartam ADI 40 mg/kg Körpergewicht

Diese Mengen werden mit einer gelegentlichen Light-Cola oder einem Glas Diät-Nektar sicher nicht erreicht. Werden dazu hauptsächlich »Light-Joghurts«, süßstoffgesüßtes Konservenobst und auch der Kaffee mit Süßstoff gesüßt, sind diese Werte jedoch schnell erreicht.

Retter Diätschokolade?

Diätschokolade wird anstatt mit Haushaltszucker mit der für Diabetiker verträglicheren Fructose (Fruchtzucker) gesüßt. Der Fett- und Kaloriengehalt ist der gleiche. Der Geschmack leider nicht …

Dem Süßbedürfnis nachgeben!

Kennen Sie das? Sie haben ein opulentes Mahl hinter sich, sind im Grunde pappsatt und haben trotzdem noch Lust auf eine süße Nachspeise? Für dieses Phänomen haben Ernährungspsychologen eine Erklärung gefunden. Um nach einer Mahlzeit wirklich satt und zufrieden zu sein, müssen neben den rein körperlichen Bedürfnissen auch die Sinne befriedigt werden. Nur dadurch wird eine so genannte »sensorische Sättigung« erzeugt.

Optisch ansprechende, liebevoll angerichtete Speisen befriedigen besser als lieblos auf den Teller Geladenes, denn »das Auge isst mit«. Ebenso scheint das Genussbedürfnis nach verschiedenen Geschmackserlebnissen zu verlangen. Asiatische Essphilosophen propagieren demnach, dass jede Mahlzeit möglichst alle Grundgeschmacksrichtungen enthalten sollte, zu denen neben salzig, sauer und bitter eben auch die Geschmacksrichtung süß gehört.

Das Fazit: Etwas Süßes braucht der Mensch! Deshalb beim Hauptgang immer noch etwas Platz für den Nachtisch lassen und süße Genüsse in die tägliche Ernährung einplanen! Mild gesüßt, mit vielen frischen Früchten und zubereitet mit fettarmen Zutaten wird ein Genuss ohne Reue daraus!

Für alle Süßmäulchen gilt: Bewusst erlauben statt verbieten! Denn nicht nur für Kinder wird alles, was verboten ist, erst richtig interessant. Täglich etwas Süßes, am besten in »verpackter« Form, z.B. als Obstsalat oder Süßspeise zum Nachtisch, als Müsli zum Frühstück, ab und zu ein Stück Obst- oder Quarkkuchen oder kleine Mengen genussvoll naschen, am besten fettarm, lässt Sie entspannter durchs Leben gehen und verhindert, dass die Gier auf Süßes unkontrollierbar wird.

Keine Gier entstehen lassen

Die Ursachen für die ständige, scheinbar unkontrollierbare Lust nach Süßem können vielfältig sein. Durch lange Esspausen, z. B. durch das Auslassen von Mahlzeiten, oder insgesamt zu wenig kohlenhydratreiche Lebensmittel wie Brot, Kartoffeln, Nudeln gerät der Körper in ein Kohlenhydratdefizit, d.h. Unterzucker im Blut. Zusätzlich verringert sich die Bildung des »Satt- und Glücklichmachers« Serotonin im Gehirn. Mögliche Gegenstrategie: Regelmäßig essen und reichlich Lebensmittel essen, die viele Stärkekohlenhydrate enthalten.

Auch Hormonschwankungen, z. B. vor der Menstruation oder Stress, Schlafmangel und extrem einseitige Essweise beeinflussen den Stoffwechsel. Den Mangel an Mineralstoffen und Vitaminen oder einfach nur an »Power« versucht der Organismus durch die Gier auf schnell verfügbare Energieträger, und dazu gehört der Zucker, auszugleichen. Mögliche Gegenstrategie: Statt ständiges Naschen mit schlechtem Gewissen die Energie auf die Zusammenstellung einer gesunden Essweise richten.

Stimmungsaufheller Serotonin

- Nicht nur kohlenhydratreiche Ernährung fördert die Bildung von Serotonin, sondern auch körperliche Anstrengung. Tageslicht und Sonne verhindern seinen Abbau. Sport und Bewegung, am besten in der freien Natur, beugen Stimmungstiefs vor oder können sie sogar abmildern.

Das Dessert – wichtig zur sensorischen Sättigung

Alternativen suchen

Die Seele pflegen

Stress, Hektik und Kummer sind nicht nur bei Frauen die häufigsten Auslöser unkontrollierten Naschens. So mancher Mann entpuppt sich als ausgeprägtes Süßmäulchen. In einer schnelllebigen Zeit mit einem häufig voll durchgeplanten Tagesablauf scheint kein Raum mehr zu sein für Ruheminuten und Mußestunden, die die Seele doch aber so nötig braucht. Orientieren Sie sich doch ein bisschen weniger am deutschen Perfektionsstreben und häufiger am südlichen »Dolcefarniente«, dem süßen Nichtstun!

Wer es lieber aktiver hat, kann seinen Stress natürlich auch durch Sport oder Entspannungsübungen bekämpfen. Auch Musik hören, lesen, genussvoll baden, sich massieren lassen, die Ausübung eines erfüllenden Hobbys oder einfach mal öfter früher ins Bett zu gehen verschaffen Stressausgleich.

Ständige Lust auf Süßes kann auch seelische Ursachen haben und anerzogen sein. Bonbons als Trostpflaster oder reichliche Süßigkeitengeschenke wohlmeinender Omas führen auch im Erwachsenenalter dazu, dass Menschen sich bei Kummer, Frust und Ärger gerne mit etwas Süßem belohnen oder verwöhnen.

Sicher hat ein Stückchen Schokolade oder auch mehrere zunächst etwas Tröstliches, doch allzuviel Kummerspeck vermehrt die unangenehmen Gefühle, die Ursachen bleiben bestehen. Sie aktiv anzugehen, ist zwar nicht immer leicht, aber langfristig befriedigender und setzt manchmal ungeahnte Energien frei.

Sich selbst zu verwöhnen, schadet übrigens gar nicht, gerade in schwierigen Lebensphasen. Doch muss es immer etwas zu essen sein? Ein neues Kleidungsstück, ein Besuch bei der Kosmetikerin oder beim Frisör, ein Theaterbesuch, ein Spaziergang im Wald, ein gutes Buch …
Es gibt so vieles, das Herz und Seele erfreuen kann.
Leichter gesagt als getan? Veränderungen gehen nur langsam und schrittweise und ab und zu naschen schadet nicht.

Anisschäumchen

Zutaten für etwa 60 Stück:

2 Eiweiß
2 EL Zucker
1 TL abgeriebene Zitronenschale (unbehandelt)
1 TL gemahlener Anis

▶ *Eiweiß mit den Quirlen des Handmixers leicht schlagen. Zucker, Zitronenschale und Anis zugeben und bis zu einer cremigen Konsistenz weiterschlagen. Mit einem Spritzbeutel kleine Häufchen auf ein mit Backpapier ausgelegtes Backblech spritzen. Bei 100 °C, Gas Stufe 1, Umluft 80 °C), 2–2 1/2 Stunden trocknen lassen. Dabei die Backofentür einen Spalt breit offen lassen – z. B. mit einem eingeklemmten Holzlöffel.*

Bewusster naschen

▶ Wer trotz allem unter ständigem Süßhunger leidet, dem hilft vielleicht die von Ernährungspsychologen entwickelte Streichholzmethode. Nehmen Sie eine Schachtel Streichhölzer und zünden Sie jedes Mal, wenn Sie etwas Süßes essen möchten, ein Streichholz an. Während das Streichholz abbrennt, überlegen Sie folgende Fragen: Warum möchte ich diese Süßigkeit jetzt essen? Könnte ich auch etwas anderes essen oder gar tun? Wenn Sie es nach Abbrennen des Streichholzes noch wollen, genießen Sie das Süße in vollen Zügen – ohne schlechtes Gewissen!
Versuchen Sie möglichst lange, mit Ihrer Schachtel auszukommen (1 Woche, 2 Wochen).

Fettarm naschen

▶ Fettfreie Süßwaren gefährden die Figur nur wenig:
- Gummibärchen
- Lakritz
- Frucht- und Minzbonbons
- Geleefrüchte ohne Schokolade
- Kaugummi
- Trockenfrüchte
- Russisch Brot (ABC-Kekse)
- Anisplätzchen/-schäumchen
- Löffelbiskuits

Farb- und formenreiche Früchte

Vielfältig

Die Vielfalt an Formen, Farben und Aromen frischer Früchte ist einfach unvergleichlich, die Zubereitungsmöglichkeiten unendlich. Simpel und praktisch: Obst pur direkt aus der Hand! Einheimische Beerenfrüchte, Kirschen, Äpfel, Birnen, Pflaumen und Trauben, aber auch Aprikosen und vollsaftige Pfirsiche sind während der Saison ein Hochgenuss. Wird das saisonale Angebot knapp, bieten Früchte aus der Tiefkühltruhe eine gute Alternative. Oder probieren Sie doch einmal »Exotisches«!

Kaki oder Sharonfrucht

Sie kommt überwiegend aus Israel nach Deutschland. Früher Lieblingsobst der Japaner, findet sie auch in Europa immer mehr Fans. Die reife Kaki ist weich und saftig. Man isst sie roh, indem man die Frucht zerteilt und die dünne Schale abzieht oder das Fruchtfleisch einfach auslöffelt.

Feige

Als getrocknete Variante kennt man das köstliche Früchtchen schon länger, jetzt bekommt man sie frisch, überwiegend aus Mittelmeerländern. Frische Feigen am besten gleich essen, denn sie sind nur 1–2 Tage lagerfähig. Wer sie pur genießen möchte, halbiert die Frucht und löffelt das Fruchtmark einfach heraus.

Granatapfel

Die apfelgroße, purpurrote Frucht mit der lederartigen Schale gibt's von Oktober bis Dezember aus Spanien und Italien, von Juni bis Oktober aus Israel. Nur die roten Kerne im Granatapfel sind genießbar. Entweder pur herauslöffeln oder mit einer Zitruspresse entsaften.

Mango

Die Mango wird in den Farben von grün-rot bis orange angeboten. Die grünlichen Sorten sind besonders aromatisch. Der Geschmack erinnert an Pfirsich und Melone. Die nierenförmige Frucht wird geschält, denn die Schale ist ungenießbar. Dann das Fruchtfleisch von dem großen Kern lösen. Mangos schmecken am besten pur.

Papaya

Diese Frucht wird oft mit der Mango verwechselt. Papayas haben weiches, blassgelbes bis lachsrotes Fruchtfleisch und in der Mitte viele pfefferkorngroße Kerne. Ihr süßes Aroma erinnert an Himbeere, Aprikose und Waldmeister. Die Papaya ist reif, wenn die Schale bei leichtem Fingerdruck nachgibt. Zum puren Genuss werden die Früchte der Länge nach halbiert, die Kerne ausgeschabt und das Fruchtfleisch mit Zitronen- oder Limettensaft beträufelt.

Karambolen (Sternfrucht)
Die aus Südostasien importierte Frucht kann mit der Schale gegessen werden. Sie duftet leicht nach Jasmin und schmeckt säuerlich. Wegen Ihrer außergewöhnlichen Form wird sie als dekorative Zutat für Obstsalate, Käseplatten und Buffets geschätzt.

Pflaumen und Zwetschgen
Zusammen mit Äpfeln und Birnen läuten sie hierzulande den Herbst ein. Die blauen Früchte mit dem kräftig-gelben Fruchtfleisch sind wegen ihrer ausgeprägten Süße und prägnanten Säure beliebt. Sie eignen sich sowohl zum puren Genuss als auch zum Backen, Einfrieren und für Kompott.

Erdbeeren
Kaum jemand, der die roten Frühsommer-Beeren nicht liebt. Heimische, vollreife, frisch geerntete Sorten schmecken meist aromatischer als Importware, der kräftige Duft hilft beim Einkauf. Da Erdbeeren sehr empfindlich sind, lagert man sie, wenn überhaupt, nur kurz und ungewaschen im Kühlschrank. Ob natur, leicht gezuckert oder verarbeitet in Obstsalat, Eis, fruchtigen Torten oder Gelees: Erdbeeren sind immer eine Köstlichkeit.

Fettkiller Ananas?
Unerbittlich hält sich die – leider falsche – These der Fett verzehrenden Wirkung der Ananas. Das in frischen Früchten enthaltene Enzym Bromelin spaltet jedoch kein Fett, sondern Proteine (z. B. im Quark) in bitter schmeckende Aminosäuren. Trotzdem ist frische Ananas natürlich eine gesunde Köstlichkeit.

Obstsalat: Alles andere als langweilig

Eine Kombination aus verschiedenfarbigen Früchten der Saison erfreut das Auge, etwas (frischer) Zitronensaft verhindert unschöne Braunfärbung und betont die säuerliche Frische. Mildgesüßt mit wenig Zucker, flüssigem Honig oder auch dem aromatischen Ahornsirup wird daraus eine Delikatesse. Wer Bananen oder Trockenfrüchte (z. B. Datteln) verarbeitet, kann auf Süßungsmittel meist ganz verzichten.

Obstsalat »Oriental«:

100 g Grünkern
1 Zimtstange
2–3 Kardamomkapseln
1 Zitrone, unbehandelt
700 g gemischtes Obst, z. B. Nektarine, Banane, Pflaume, Trauben
50 g getrocknete Aprikosen
1 TL Ahornsirup
1 TL gehackte Pistazienkerne

▶ *Grünkern waschen und mit den Gewürzen und einer Zitronenspirale in 1 Liter Wasser ca. 30 Minuten kochen. Abtropfen und abkühlen lassen. Gewürze und Zitronenschale entfernen. In der Zwischenzeit Obst waschen, evtl. schälen und klein schneiden. Aprikosen klein schneiden. Zitrone auspressen, mit dem Ahornsirup verquirlen und mit den Früchten und dem Grünkern vermengen. Mit Pistazienkernen bestreuen. Etwas durchziehen lassen und gekühlt genießen.*

Fruchtiges mit orientalischem Touch

Exotischer Obstsalat

1 kleine Netzmelone
200 g blaue Weintrauben
2 frische Feigen
2 Bananen
2 Birnen
6 getrocknete Datteln
1 Limette
1 Orange
2 EL Orangenlikör
Zitronenmelisse

▶ *Die Kerne aus der Melone entfernen und Kugeln ausstechen oder würfeln. Weintrauben waschen. Feigen achteln. Bananen schälen und in Scheiben schneiden. Birnen schälen und in Spalten schneiden. Datteln entsteinen und in Streifen schneiden. Limette heiß abwaschen und die Schale abreiben, Limette und Orange auspressen. Den Saft mit Limettenschale und Likör verrühren und die vorbereiteten Früchte vorsichtig darin wenden. Mit Zitronenmelisse dekorieren.*

Variation

▶ Eine cremige Soße erhält man, wenn man unter Limetten- und Orangensaft noch 1 Becher Magermilchjoghurt rührt.

»I-Tüpfelchen« einmal anders!

▶ Schlagsahne ist eine Köstlichkeit, allerdings eine fette. 1 gehäufter Esslöffel enthält immerhin 8 g Fett. Auch lecker ist eine Quark-Joghurt-Creme: 20 %igen Quark mit etwas Naturjoghurt verquirlen, mit Vanillepulver (Reformhaus) und etwas Zucker abschmecken, dann nach und nach etwas kohlensäurehaltiges Mineralwasser unterquirlen, bis eine cremige Masse entstanden ist. Schmeckt wirklich!

Fruchtgrützen, Geleespeisen, Kaltschalen und Suppen

Weitere fruchtige Genießerfreuden können mit gekochten Früchten kreiert werden. Ihr Hausrezept können Sie möglicherweise noch verfeinern, indem Sie den Fruchtanteil erhöhen und dafür weniger Zucker verwenden. Praktische Basis für viele Fruchtspeisen sind hochwertige Fruchtsäfte, z. B. Direktsaft oder Muttersaft, ohne Zucker.

Für Leckermäuler

Um Flüssiges löffelfähig zu machen, werden Dickungsmittel benötigt. Das bekannteste kalorienfreie Dickungsmittel ist Gelatine. Werden einige wenige Regeln berücksichtigt, ist die Verwendung unkompliziert. Gelatine, ob in Blättern oder gemahlen, wird vor der Verwendung eingeweicht, muss sich beim Einrühren in die heiße Flüssigkeit vollständig auflösen und darf auf keinen Fall gekocht werden. Positiv für Geschmack und Vitaminbilanz: Langes Kochen entfällt!

Nicht so bekannt, aber eine Alternative für alle, die Pflanzliches vorziehen, sind Dickungsmittel auf der Basis von Pektin, aus Äpfeln oder Johannisbrotkernmehl. Diese Produkte erhält man im Reformhaus oder Bioladen. Noch eine Möglichkeit: Man dickt die Kaltschalen mit dem fast vergessenen Sago an.

Agar-Agar

Das aus Algen gewonnene kalorienfreie Geliermittel wird in manchen Naturkostbüchern als pflanzliche und deshalb garantiert BSE-freie Alternative zur Gelatine empfohlen. Die Dosierung des gemahlenen Pulvers ist schwierig und der Preis leider unverhältnismäßig hoch.

Zitronensuppe mit Sago

Zutaten für 2 Portionen:

1/8 l	**Weißwein**
30 g	**Sago**
1	**unbehandelte Zitrone**
2–3 EL	**Apfeldicksaft**
2 EL	**Amaretti (kleine Makronen)**

▸ *Wein mit 350 ml Wasser aufkochen. Sago zugeben und bei milder Hitze 15 Minuten ausquellen lassen. Nach 10 Minuten ein Stück Zitronenschale in die Suppe geben. Mit Dicksaft und Zitronensaft abschmecken, die Schale herausnehmen und mit Makronen garnieren.*

Tipp

▸ Die Suppe kann man auch aus anderen Zitrusfrüchten herstellen. Sie schmeckt heiß oder eisgekühlt.

Beerengelee

2 1/2–3 Blatt	**weiße Gelatine**
125 g	**gemischte Beeren**
ca. 1/8 l	**roter Fruchtsaft**

▸ *Gelatine in Wasser einweichen. Die Beeren in ein Litermaß geben und mit Fruchtsaft auf 1/4 l auffüllen. Einen Teil des Fruchtsaftes erwärmen und die ausgedrückte Gelatine darin auflösen. Früchte und restlichen Fruchtsaft zugeben und die Mischung in Portionsschalen oder eine große Schüssel füllen und im Kühlschrank fest werden lassen. Dazu passt die Quark-Joghurt-Creme.*

Variation

▸ Dieses Gelee kann man beliebig variieren. Stimmen muss nur das Verhältnis 1/2 l Früchte oder Flüssigkeit zu 5 Blatt Gelatine. Wer sturz- oder schnittfestes Gelee wünscht, nimmt 2 Blatt Gelatine mehr. Variationen: rote Trauben in Wein-Zitronensaft, Orangen-Zitronensaft mit Orangenfilets und etwas Campari, Pfirsich und Kiwi mit Maracujasaft.

Milch, Quark, Joghurt und Co

Auch ohne Sahne lassen sich mit Milchprodukten delikate Süßspeisen herstellen, die außerdem noch die Kalziumversorgung verbessern. Klassische Puddings und Flammeries schmecken auch, wenn sie mit fettarmer Milch gekocht werden. Statt Schlagsahne gibt es frische Früchte oder Fruchtpüree dazu. Magerquark, glatt gerührt mit Mineralwasser, Milch, Buttermilch, Kefir oder Naturjoghurt bietet zahlreiche Variationsmöglichkeiten, je nachdem, welche Frucht dazukommt. Ob Erdbeeren oder Kirschen, Blaubeeren, Aprikosen oder Pfirsiche, geriebene Äpfel oder Birnen, Bananen, Pflaumen oder Melonen oder gar nur Zitrone: Die Vielfalt der Früchte ist schier unendlich. Wer Magerquark absolut nicht leiden kann, verwendet Quark mit 20 % Fett i.d.Tr. oder als geschmackliche Variation italienischen Ricotta bzw. körnigen Frischkäse.

Buttermilch-Johannisbeerspeise (Errötende Jungfrau)

4 Blatt	**weiße Gelatine**
400 ml	**Buttermilch**
100 ml	**roter Johannisbeersaft**
1–2 EL	**Zucker**
2 EL	**Mandelblättchen**

Gelatine einweichen. Buttermilch mit Johannisbeersaft und Zucker verrühren und erwärmen, so dass sich der Zucker auflöst. Gelatine ausdrücken und in der warmen Buttermilch auflösen. In Portionsschälchen oder eine große Schüssel füllen und auskühlen lassen. Mandelblättchen in einer Pfanne ohne Fett rösten und abgekühlt über die Buttermilch-Speise streuen.

Nicht verträglich

Ananas und Kiwis vertragen sich nicht mit Milchprodukten. Frisch enthalten sie Enzyme, die das Milcheiweiß in bitter schmeckende Aminosäuren umwandeln.

Aprikosen-Ricotta-Creme

Zutaten für 2 Portionen:

4	**Aprikosen, reif**
125 g	**Ricotta (oder Magerquark)**
2 ML	**Johannisbrotkernmehl**
	Puderzucker
1 Hand voll	**Beerenfrüchte, z. B. Himbeeren, Heidelbeeren, Johannisbeeren**

Aprikosen kurz in kochendes Wasser tauchen. Die Haut abziehen, den Stein entfernen. Das Fruchtfleisch pürieren. Ricotta und Bindemittel zugeben und mit den Quirlen des Handmixers gut verrühren. Die Creme mindestens zwei Stunden kalt stellen. Mit zwei Esslöffeln Nocken auf einen mit Puderzucker bestäubten Teller setzen. Mit Beerenfrüchten garnieren.

Vanillemilchtöpfchen mit Orangentopping

5 Blatt	**weiße Gelatine**
100 ml	**Orangensaft, frisch**
3/8 l	**fettarme Milch**
1/2	**Vanilleschote**
1 St	**Orangenschale, unbehandelt**
1–2 EL	**Honig**
1	**Eiweiß**
1 EL	**gehackte Pistazien**
	Zitronenmelisse

Gelatine einweichen. Den Orangensaft erhitzen und 1 Blatt ausgedrückte Gelatine darin auflösen. In 4 Soufflléförmchen oder Tassen gießen und kalt stellen. Milch mit der aufgeschnittenen, ausgekratzten Vanilleschote, einem Stück Orangenschale und Honig erhitzen. Die restliche ausgedrückte Gelatine darin auflösen und durch ein Sieb gießen. Ebenfalls kalt stellen. Sobald die Milch anfängt zu gelieren, das Eiweiß steif schlagen und mit den Pistazien unter die Milch heben. Die Milchcreme auf das Orangengelee geben und mindestens 2 Stunden kalt stellen. Vor dem Servieren kurz in warmes Wasser tauchen, auf einen Teller stürzen und mit Zitronenmelisse garnieren.

Eis – der kühle Schmelz

Wenn die Sonne im Frühsommer vom blauen Himmel strahlt, steigt bei fast jedem die Lust auf Eis. Ob am Stiel oder aus der Waffel: Zart Cremiges und Fruchtiges schmecken einfach köstlich.

Eis ist nicht gleich Eis. Zucker enthalten alle Sorten reichlich, aber die sonstigen Zutaten variieren und damit auch der Fettgehalt. Fruchteis, Sorbets und Milchspeiseeis enthalten wenig davon. Eiscreme und Rahmeis mehr, denn sie werden mit Sahne, Eiern und sogar Butter hergestellt, industriell hergestelltes Eis wird meist mit Pflanzenfett cremig gerührt. Erleichternd: Klassisches italienisches Eis enthält meist keine Sahne.
Wer es richtig cremig liebt, dem reicht vielleicht schon eine Kugel, um zufrieden zu werden! Mit vielen frischen Erdbeeren ein Gaumenschmaus! Das »Nonplusultra« eines jeden Gourmet-Menüs: Fruchtsorbets! Garantiert fettfrei! Fertig gekaufte sind häufig supersüß, selbst gemachte Sorbets können durch einen höheren Fruchtanteil sparsamer gesüßt werden.

Erdbeer-Sorbet

150 g Naturjoghurt
2 EL Honig
250 g gefrorene Erdbeeren

▸ *In einem elektrischen Mixbecher Joghurt mit dem Honig verquirlen, nach und nach die Erdbeeren in den laufenden Mixer geben. Das fertige Sorbet in eisgekühlte Portionsschälchen füllen und sofort genießen, damit es nicht schmilzt. Ein Hochgenuss, der supergesund ist und garantiert nicht dick macht!*

Mango-Limettensorbet

Zutaten für 4–6 Portionen
4 reife Mangos, je ca. 200 g
1 EL Puderzucker
3 EL Limettensaft
Melisseblättchen

▸ *Mangos schälen, das Fruchtfleisch vom Stein schneiden und pürieren. Puderzucker und Limettensaft unterrühren, in eine Schüssel füllen und etwa 5 Stunden ins Gefriergerät stellen. Etwa alle 30 Minuten erneut pürieren, damit sich keine Kristalle bilden. Sorbet mit einem Spritzbeutel mit Sterntülle in eisgekühlte Gläser spritzen, mit Melisseblättchen dekorieren und sofort servieren.*

Sorte	Zutaten	Fett/100 g	Kcal/100 g
Rahmeis	Zucker, 60% Sahne, natürliche Aromastoffe, evtl. Fruchtfleisch	17 g	220
(Frucht)-Eiscreme	Zucker, Butter, Milch oder Sahne, natürliche Aromastoffe, evtl. Fruchtfleisch	4–10 g	100–200
Cremeeis	Zucker, Milch, Eier, natürliche Aromastoffe, evtl. Fruchtfleisch	6 g	120
Milchspeiseeis	Zucker, 70% Milch, natürliche Aromastoffe	5 g	130
Diätspeiseeis	Milch, natürliche Aromastoffe, evtl. Sahne, Eier, Fruchtfleisch, Zuckeraustauschstoff	2–3 g	116
Fruchteis	Zucker, Wasser, 20% Fruchtfleisch, evtl. Eier und Milch	0–1 g	80–100
Kunstspeiseeis	Zucker, Wasser, künstliche Aromastoffe und Farbstoffe	0 g	60–120

Zwetschgenkuchen mit Hefeteig

Zutaten für ein Backblech:

1/2	**Würfel Hefe**
1 TL	**Zucker**
1/4 l	**lauwarme Milch**
500 g	**Mehl**
50 g	**Zucker**
1 Prise	**Salz**
	etwas Butter für das Backblech
2 kg	**entsteinte, halbierte Zwetschgen**
2 EL	**Zucker**
1 TL	**Zimt**

▶ *Hefe und Zucker in der Milch auflösen. Zugedeckt 10 bis 15 Minuten gehen lassen. Mehl, Zucker und Salz in eine Schüssel geben. Die Hefemilch zugeben und mit den Knethaken des Handrührers verkneten. Zugedeckt an einem warmen Ort 2 Stunden gehen lassen. In der Zwischenzeit die Zwetschgen entkernen und halbieren. Den Backofen auf 225 °C, Gas Stufe 4 vorheizen. Den Teig noch einmal zusammenkneten und auf dem gefetteten Backblech ausrollen. Kurz gehen lassen.*
Die Zwetschgenhälften dicht darauf verteilen. Etwa 30 Minuten backen. Zucker und Zimt auf den heißen Kuchen streuen.

Variation

▶ Statt Zwetschgen lassen sich auch Aprikosen, reife Birnen oder Blaubeeren verwenden. Bei sehr saftigem Obst den Teig erst fünf Minuten vorbacken und dann belegen.

Hefe – darauf kommt es an

▶ 1. **Frische:** Hefe muss frisch sein, damit die Hefepilze noch lebendig sind.
2. **Wärme und keinen Zug:** Hefe hat es zum »Gehen« gern mollig warm, aber nicht zu heiß.
3. **Feuchtigkeit:** Die Hefepilze brauchen sie zum Wachsen.
4. **Nahrung:** Am besten in Form von Zucker oder Honig, wird von den Hefepilzen in Teig treibende Kohlensäurebläschen umgewandelt.

Selbst gebacken, mit Köpfchen

Selbst Gebackenes ist eine Delikatesse. Manche Rezepte haben es allerdings in sich. Wer selten zu besonderen Gelegenheiten und Familienfeiern ein Stück Sahnetorte oder buttercremestrotzenden Frankfurter Kranz genießt, wird davon sicher nicht dick. Wer es öfter liebt und trotzdem schlank bleiben möchte, experimentiert besser mit Kuchen- und Plätzchenrezepten, die sich nicht so massiv auf die Hüften legen. Viele Früchte und Milchprodukte als Belag und Teige, die mit weniger Fett auskommen, schmecken herrlich leicht und fruchtig – und durchaus nicht nach »Diät«!

Die Basis eines jeden Kuchens ist der Teig. Während Rühr- und Blätterteig nur mit viel Fett gelingen, kommen Hefe-, Biskuit- und Brandteig ohne oder mit wenig aus.

Der klassische Tortenboden aus Mürbeteig ist nicht gerade fettarm. Doch relativ dünn und mit reichlich frischen Früchten belegt hält sich die Fettmenge eines Stückchens in Grenzen. Werden die Früchte anstatt auf Buttercreme auf Vanillepudding oder wenig Schmand gebettet, fällt der Fettgehalt noch weniger ins Gewicht.

Hefeteig – die fettärmste Alternative – zuzubereiten, ist selbst für manche erfahrene Hausfrau eine Zitterpartie. Wer weiß, wie die lebendigen Hefepilzsporen ihre Triebkraft entwickeln und welche Bedingungen sie dazu brauchen, kann aufhören zu zittern und demnächst leckere fettarme Obstkuchen backen. Praktisch sind spezielle Backschüsseln aus Plastik mit einem Deckel, die das Binnenklima gleichmäßig halten.

In Rührteig kann man die Fettmenge ohne Geschmackseinbußen um 20 % verringert, wenn statt Butter oder Margarine Speiseöl, z. B. Sonnenblumenöl oder Rapsöl, verwendet wird.

Mandelbiskuitrolle mit Zitronenquark

Zutaten für eine Rolle (etwa 8 Scheiben):

4	**Eier**
1 EL	**Zitronensaft**
120 g	**Zucker**
50 g	**Mehl**
50 g	**Stärke**
25 g	**gemahlene Mandeln**
	Zucker zum Bestreuen
750 g	**Magerquark**
	Saft und Schale von 2 unbehandelten Zitronen
4 Messlöffel	**Johannisbrotkernmehl**
25 g	**dunkle Kuvertüre**
1 EL	**Mandelstifte**

▸ *Den Backofen auf 200 °C vorheizen. Die Eier trennen. Eigelb mit 3 EL Wasser, Zitronensaft und Zucker schaumig schlagen, bis sich der Zucker aufgelöst hat. Eiweiß steif schlagen und auf die Eigelbmasse geben. Gesiebtes Mehl, Stärke und Mandeln zugeben und vorsichtig unterheben. Die Masse auf ein mit Backpapier ausgelegtes Backblech streichen und bei 200 °C (Gas Stufe 3/Umluft 180 °C) 10–12 Minuten backen. Auf ein mit Zucker bestreutes Geschirrtuch stürzen, vorsichtig das Papier abziehen und den Biskuit mit dem Tuch aufrollen. Quark mit Zitronensaft und -schale und dem Bindemittel verrühren, auf die abgekühlte Biskuitplatte streichen und wieder aufrollen. Kuvertüre schmelzen und in einen kleinen Gefrierbeutel geben. Eine kleine Ecke abschneiden und dünne Gitter auf die Rolle spritzen, Mandelstifte darüber streuen.*

Variation

▸ Nach dem gleichen Rezept kann man auch 6–8 Biskuitomeletts herstellen: Kreise von ca. 12 cm Durchmesser auf das Backpapier zeichnen (z.B. mit Hilfe einer Untertasse) und die Masse darauf streichen. Die Backzeit ändert sich nicht. Auch die Omeletts müssen gleich nach dem Backen geklappt werden, damit Sie später nicht brechen.

Erdbeer-Windbeutel

Zutaten für 16 Stück:

1/4 l	**Wasser**
50 g	**Butter**
140 g	**Weizenvollkornmehl**
1 Prise	**Salz**
4	**kleine Eier**
300 g	**Magerquark**
100 g	**süße Sahne**
1–2 EL	**Honig**
1	**Vanilleschote**
	abgeriebene Schale von 1/2 unbehandelten Zitrone
300 g	**Erdbeeren**
	Backpapier

▸ *Backofen auf 220 °C vorheizen. Wasser mit Butter und Salz zum Kochen bringen. Das Mehl auf einmal dazuschütten und kräftig mit dem Kochlöffel durchrühren, bis sich ein Teigkloß bildet und am Topfboden eine dünne Schicht entsteht. Topf vom Herd nehmen und sofort ein Ei mit dem Mixer unterquirlen. Teig im Wasserbad abkühlen lassen und dann die restlichen Eier unterquirlen. Ein Backblech mit Backpapier auslegen und mit zwei Teelöffeln 16 kleine Häufchen aufsetzen. Auf mittlerer Schiene 30 Minuten backen, dabei den Ofen nicht öffnen. Windbeutel aus dem Ofen nehmen, sofort quer durchschneiden und auskühlen lassen. Für die Füllung Quark, Honig, Zitrone, das ausgekratzte Vanillemark und die Zitronenschale verrühren. Erdbeeren waschen, putzen, in kleine Ecken schneiden und unter die Quarkmasse heben, steif geschlagene Sahne unterheben. Die Windbeutel füllen und möglichst frisch verzehren.*

Variation

▸ Anstelle der Erdbeeren passen auch andere Sommerfrüchte wie Nektarinen, Himbeeren oder Aprikosen. Pikant gefüllt, z. B. mit Kräuterquark, eignen sich die Windbeutel für ein Partybuffet.

Obsttorte ohne Backen

Zutaten für eine Springform 26 cm Ø:

90 g	**Butter**
	Saft 1/2 Zitrone
200 g	**Müsli (ungesüßt, ohne Rosinen)**
	Vanillepudding
	frische Früchte
	Tortengusspulver

▶ *Butter schmelzen und mit dem Zitronensaft zum Müsli geben. Gut verkneten und in die Springform drücken. Bis zur Weiterverwendung kalt stellen, damit die Butter wieder fest wird. Dann mit abgekühltem Vanillepudding bestreichen und mit frischen Früchten, z. B. Erdbeeren, Pfirsichen, Kirschen, Blaubeeren belegen. Mit nach Packungsanweisung vorbereitetem Tortenguss überziehen.*

Apfelwaffeln

Zutaten für 8 Stück:

225 g	**Weizenvollkornmehl**
50 g	**gemahlene Haselnüsse**
1/2 TL	**Zimt**
1	**großer Apfel, z. B. Boskop**
6 EL	**Sonnenblumenöl**
	Öl für das Waffeleisen
2	**Eier**
3–4 EL	**Apfeldicksaft**
250 ml	**fettarme Milch**
	Puderzucker zum Bestreuen

▶ *Mehl, Nüsse, Zimt, geriebenen Apfel, Öl, Eier, Apfeldicksaft und Milch verrühren und 15 Minuten ruhen lassen. Ein Waffeleisen mit Öl auspinseln und nacheinander bei mittlerer Temperatur Waffeln ausbacken und mit etwas Puderzucker bestreuen.*

Tipp

▶ Wenn Sie die Waffeln aufbewahren müssen oder wollen, dann in einer Blechdose. Nach Bedarf im Toaster aufbacken. Zu den Waffeln passen auch Fruchtsoßen oder Kompott.

Fruchtiger Käsekuchen

Zutaten für 12 Stücke:

750 g	**Magerquark**
50 g	**Weizenvollkornmehl**
125 g	**Honig oder Zucker**
1 Prise	**Vanillepulver**
3	**Eier**
	Schale einer Zitrone
400 g	**säuerliche Äpfel (geschält, in Spalten geschnitten)**
oder 300 g	**Sauerkirschen (entsteint)**
oder 400 g	**Johannisbeeren, Rhabarber oder Aprikosen**
	Haferflocken für die Form

▶ *Eier trennen und das Eiweiß mit 2 EL Honig oder Zucker steif schlagen. Die restlichen Zutaten verrühren. Früchte putzen und klein schneiden und sofort dazugeben. Zum Schluss das geschlagene Eiweiß unterheben. Quarkmasse in eine gefettete, mit Haferflocken ausgestreute Springform füllen und 45–60 Minuten bei 175 °C backen. Torte in der Form abkühlen lassen.*

Aus Quark und frischem Saisonobst können figurfreundliche Torten entstehen

Vanille

Nur Bourbon-Vanille liefert das echte Vanille-Aroma aus dem Mark der Vanille-Schote. Superpraktisch und dennoch »gourmettauglich« ist gemahlene Vanille, als Vanillepulver aus dem Reformhaus oder Bioladen. Synthetisch ist dagegen das Vanillin.

Keine Zeit –

Hilfen für Alltagsgestresste

»Es gibt Wichtigeres im Leben als ständig dessen Geschwindigkeit zu erhöhen.«
Mahatma Gandhi

Slowfood: Die Retter der Tafelrunde

Sie sind zu Gast im Convivium Hamburg, einer Regionalgruppe der »Slowfood-Bewegung Deutschland«.

Abgestoßen vom Vormarsch des Fastfoods auch in seinem Heimatland, organisierte der Italiener und Genussmensch Carlo Petrini 1986 diese Gegenbewegung. Mittlerweile gibt es weltweit 60000 Anhänger, 3500 in Deutschland. Leben und Genießen im Zeichen der Schnecke ist ihr Motto. In regelmäßigen Treffen werden hochwertige, regionale Produkte der Saison gemeinsam ausprobiert und zubereitet. Traditionelle Esskultur wird gepflegt, gemeinsame Tafelfreuden zelebriert. Sinnliches Erleben steht im Vordergrund, nicht nur in der Küche oder am Tisch, auch Erzeuger werden besucht und so das Wissen über qualitativ hochwertige Lebensmittel erweitert.

So auch heute: Die Gruppe ist zu Besuch in einer kleinen handwerklich betriebenen Vollkornbäckerei. In der Backstube ist es mollig warm. Der Inhaber erläutert Schritt für Schritt den Weg vom Getreide zum Brot. Körner von Roggen, Hafer, Weizen, Dinkel und Hirse werden herumgereicht und begutachtet. Kurzzeitig verstummt das Gespräch, als die riesige Getreidemühle angestellt wird. Frisch gemahlenes Mehl und Schrot wandern in den Backtrog; mit Wasser, vorbereitetem Sauerteig, Gewürzen und Salz vermengt muss der Teig jetzt reifen. Das dauert bis zu 24 Stunden – Zeit genug, damit die Milchsäurebakterien im Teig das unverwechselbare Aromabukett des Brotes herstellen können.

Vom Vortag ist reifer Teig vorrätig. Jetzt darf die Gruppe selbst Hand anlegen – säuerlich duftender Teig wird zu Brotlaiben geformt und auf Bleche gelegt und nach einer gewissen Ruhezeit in den Backofen geschoben. Während der Backzeit erläutert der engagierte Bäcker Hintergründe über natürliche Backzutaten, Teigreifung, Qualitätskriterien und warum handwerklich hergestelltes Brot ohne industrielle Backhilfsmittel bekömmlicher und haltbarer ist. Dass es wohlschmeckend ist, davon überzeugt sich die Gruppe jetzt: Die verschiedenen Brotsorten werden probiert, die Krume betastet, der Duft erschnuppert, Geschmacksnuancen erschmeckt. Stückchen für Stückchen wandert Sorte um Sorte in die Münder. Kritische Fragen, fachkundige Kommentare und Ausrufe des Genusses begleiten die Verkostung. Am Ende sind sich alle einig: Dieses Brot ist mit dem Packungsbrot aus dem Supermarkt nicht vergleichbar und schmeckt auch ohne Belag hervorragend.

Endlich sind auch die selbst geformten Brote fertig und kommen duftend aus dem Ofen. Wieder vergeht einige Zeit zum Abkühlen – sie wird zum Fachsimpeln genutzt, Bezugsquellen und Geheimtipps über hochwertige Lebensmittel werden ausgetauscht, der Bäcker für seine engagierte Arbeit gelobt, das nächste Treffen verabredet. Alle sind zufrieden, die Brote werden verpackt, nach und nach verlassen die Brotgenießer die warme Backstube. Im Hinausgehen klopft der eine oder andere Mehlspuren von der Jacke …

»Slowfood« – Genießen im Zeichen der Schnecke

Esszeit ist Erholungszeit

Keine Zeit zum Kochen und Essen zu haben, bedeutet oft eigentlich: Ich habe keine Energie oder keine Lust mehr. Ausgepowert vom Tag oder eingebunden in zahlreiche private und berufliche Verpflichtungen fehlt die Kraft, sich selbst noch einmal liebevoll zu versorgen. Wahllos wird dann womöglich irgendein Fertiggericht aus der Dose aufgewärmt und gegessen, während bereits die Nachrichten im Fernsehen laufen. So müssen dann nicht nur die Ravioli oder ähnliches, sondern auch noch Unglücksopfer und Hungertote der ganzen Welt geschluckt und verdaut werden … Mit Erholung und Genuss hat dies freilich nichts zu tun.

Genießen und Hektik gehen nicht zusammen. Genießen heißt auch Wahrnehmen – das braucht Zeit und Aufmerksamkeit. Wer schnell oder gar nebenbei isst, füllt zwar seinen Bauch, die Sinne – abgelenkt durch Lesen, Fernsehen oder gar Autofahren – kommen so jedoch zu kurz. Sättigung im ganzheitlichen Sinn wird nicht erreicht. So wird dann mehr und mehr gegessen – der Bauch wird voller und runder, die Sinne aber bleiben hungrig …

Nicht jeder will oder kann die Zeit investieren, sich so intensiv wie Slowfood-Anhänger mit der Lebensmittelbeschaffung auseinander zu setzen und alltäglich aufwändige Menüs zuzubereiten. Doch wer eigentlich genießen will, ohne zuzunehmen, für den ist Umdenken angesagt. Vielleicht können einige Verpflichtungen delegiert, Einkauf und Nahrungszubereitung in der Familie umverteilt werden, Singles sich regelmäßig mit Freunden gegenseitig bekochen? Wenn es doch häufiger mal schnell gehen muss: Mit ein bisschen Planung und dem bedachten Einsatz ausgewählter Fertigprodukte können Sie Mahlzeiten servieren, die schnell gehen, lecker sind und dennoch der Figur nicht schaden.

Was will ich und was brauche ich?

Kennen Sie das? Nach einem arbeitsreichen Tag jagen Sie mit knurrendem Magen durch den Supermarkt, um noch noch kurz vor Ladenschluss irgendetwas Essbares zu ergattern? Parmaschinken, französische Salami, Krabbensalat, drei Sorten fetter italienischer Käse, Trüffelpralinen, Chips, teure irische Butter, verschiedene Sorten Brötchen, ein Becher Sahnejoghurt und eine Flasche Wein landen im Einkaufskorb … Eigentlich viel zu viel für eine Person.

Was brauchen Sie wirklich? Auch wenn es hektisch zugeht: Halten Sie inne – eine Minute reicht – und erforschen Sie Ihre Bedürfnisse: Erholung oder Anregung, Geselligkeit oder Ruhe, Wärme oder Kälte? Aufs Essen bezogen: Warmes oder Kaltes, Cremiges, Breiiges, Flüssiges oder Knackiges, herzhaft oder süß, würzig oder mild, Leichtes oder Schweres?
Sich die eigenen Bedürfnisse bewusst zu machen und danach zu handeln, macht zufrieden. So macht ein Schüsselchen Grießbrei unter Umständen zufriedener als ein opulentes Menü …

… und was kann ich schaffen?

Zeitschriften, Broschüren und Bücher, so auch dieses, sind voll von mehr oder weniger klugen Anregungen und Ratschlägen zum Abnehmen, zur gesunden Ernährung, optimalen Haushaltsführung, vernünftigen Einkaufsplanung und Vorratshaltung. Kein Mensch kann dies alles umsetzen. Muten Sie sich nicht zu viel zu und machen Sie sich Ihre persönliche Hitliste. Was spricht Sie an, was passt zu Ihnen und Ihrem Alltag? Wenn eine Anregung umgesetzt ist, dann kommt die nächste.

Bitte Platz nehmen!

- Essen im Stehen wird von unserer Psyche oft gar nicht als wirkliches Essen registriert. Im Sitzen zu essen ist außerdem erholsamer – und dauert auch nicht länger …

Fernseher aus!

- Machen Sie jede Mahlzeit zur Hauptsache. Gleichzeitiges Fernsehen, Lesen oder gar Arbeiten überfordert Sinne und Seele. Mehr-Essen ist vorprogrammiert!

Haushalten

Den Einkauf rationalisieren

Der Einkauf nimmt einen großen Teil der Nahrungszubereitung ein. Schön und sinnlich ist es, jeden Tag genüsslich über den Wochenmarkt zu schlendern, hier und da zu probieren und sich vom Angebot inspirieren zu lassen. Wenn Ihre Zeit knapp ist, müssen solche lustvollen Einkaufsbummel wohl eher besonderen Gelegenheiten vorbehalten sein. Durch entsprechende Planung und Organisation kann viel Einkaufszeit gespart werden, die dann für das eigentliche Genießen frei wird.

Fladenbrot-Pizza

Zutaten für 2 Portionen:

1	**kleines Fladenbrot**
1 Paket	**passierte Tomaten (370 g)**
	Salz, Pfeffer
1/2 Paket	**italienische Kräuter, tiefgekühlt**
1 Bund	**Lauchzwiebeln**
150 g	**Kirschtomaten**
80 g	**zerkleinerter Mozzarella**

- *Den Backofen auf 225 °C vorheizen (Umluft 200 °C, Gas Stufe 4). Die Oberseite vom Fladenbrot vorsichtig abschneiden und das Brot mit der Schnittfläche nach oben auf ein mit Backpapier ausgelegtes Backblech legen. Passierte Tomaten auf dem Fladenbrot verteilen, mit Salz, Pfeffer und Kräutern würzen. Das Gemüse putzen, Lauchzwiebeln in Ringe schneiden, Tomaten halbieren. Alles auf dem Brot verteilen und Raspelkäse darüber geben. Auf der obersten Schiene etwa 10 Minuten backen.*

Schnelle Mikrowelle

Zum schnellen Auftauen und Erhitzen vorgekochter Speisen superpraktisch. Gesundheitsschädliche Auswirkungen auf die Inhaltsstoffe der Lebensmittel haben sich nicht bestätigt. Allerdings: Auch in der Mikrowelle werden hitzeempfindliche Vitamine und sekundäre Pflanzeninhaltsstoffe zerstört.

Vorüberlegung beschleunigt den Einkauf

Einkaufstipps für Eilige:

- Speiseplan für die Woche machen und Einkaufszettel schreiben.
- Einmal wöchentlich Großeinkauf. Frischprodukte wie Salat, Obst, Gemüse, Fleisch, Milch jeden zweiten Tag dazukaufen.
- Lieferservice beauftragen, wird gegen meist nur geringe Liefergebühr von Feinkostgeschäften, Biohöfen und manchen Supermärkten angeboten. Auch Tiefkühlkost kann man liefern lassen.
- Gehen Sie nach Möglichkeit nicht mit leerem Magen einkaufen. Hunger ist kein guter Einkaufsberater. Allzuvieles landet dann im Einkaufskorb, das besser im Regal geblieben wäre.

Genießertipp für Eilige

- Nehmen Sie sich Zeit zum Essen, Genießen und Erholen und halten Sie lieber mal die Zeit für Einkauf und Zubereitung knapper.

Figurfreundliche Vorratshaltung

Was nicht im Haus ist, kann auch nicht gegessen werden. Eine Binsenweisheit! Also gähnende Leere im Kühlschrank und den Vorratsschränken, um die Figur nicht zu gefährden? Bitte nicht! Besser: Hochwertige Lebensmittel und fettarme Zutaten bevorraten, aus denen sich auch mal in kurzer Zeit leckere Mahlzeiten und Snacks zubereiten lassen. Hilfreich und unverzichtbar: Tiefkühlschrank oder -truhe, die bei Platzmangel auch im Keller stehen kann. Notfalls tut es auch ein ausreichend großes Gefrierfach mit mindestens drei, besser vier Sternen.

Vorratsliste – nicht nur für figurbewusste Hektiker

Getränke
- Mineralwasser
- Auswahl an Kräuter- bzw. Früchtetees
- reiner Fruchtsaft
- Kaffee und Tee

Brot
- frisches Brot, auch eingefroren in der Tiefkühltruhe
- Knäckebrot

Nährmittel
- Reis, auch vorgekocht und portionsweise eingefroren
- Nudeln
- Mehl, auch mit hohen Typenzahlen
- Instant-Couscous
- Bulghur
- Grieß/Polenta
- Getreideflocken oder Müsli

Fette/Öle
- Butter oder Margarine, ohne gehärtete Fette
- gute Pflanzenöle zum Braten und für Salate

Gemüse/Kartoffeln
- Kartoffeln
- frisches Gemüse, verschiedene Sorten der Saison oder bereits vorgeputzte Tiefkühlware
- Salatgemüse
- Zwiebeln
- rote Linsen
- Hülsenfrüchte, auch vorgekocht aus der Dose
- Tomaten aus der Dose oder passierte Tomaten

Obst
- verschiedene frische Sorten der Saison
- Tiefkühl-Obst
- Zitronen

Milchprodukte
- frische Milch (1,5%)
- Joghurt oder andere Sauermilchprodukte (1,5%)
- Quark oder fettarmer Frischkäse
- Käsesorten mit niedrigem Fettgehalt
- evtl. saure Sahne oder Schmand

Fleisch/Fisch/Wurst/Eier
- magerer Aufschnitt
- eingefrorener Fisch, natur
- evtl. Dosen-Thunfisch ohne Öl
- magere Fleischsorten, portionsweise eingefroren
- evtl. frische Eier

Gewürze
- Kräuterauswahl aus dem Garten oder der Tiefkühltruhe
- Salz, jodiert
- Pfeffer aus der Mühle
- Instant-Gemüsebrühe
- guter Essig (z.B. Balsamico und Himbeeressig)
- gute Auswahl an Gewürzen und Gewürzsoßen
- Zucker
- Honig
- evtl. andere Süßungsmittel
- Knoblauch

Fertiges
- Vorgekochtes portionsweise eingefroren
- eingekaufte Tiefkühl-Fertiggerichte mit hohem Gemüseanteil, wenig Fett und ohne Geschmacksverstärker

Zum Knabbern
- Salzstangen/-brezeln
- evtl. Weingummi oder Lakritz
- Trockenobst

Figurfreundliches auf die Schnelle

Auch schnell zubereitete Mahlzeiten können satt und zufrieden machen – ohne dass die Figur gefährdet wird. Der Trick: Lebensmittel auswählen, die wenig Vorbereitung benötigen, kurze Garzeiten haben oder roh verzehrt werden können. Alle der hier vorgestellten Ideen sind in höchstens 20 Minuten servierfertig.

Knackig und frisch

Thunfischsalat »Nizza«

2	**Eier**
1 Dose	**Thunfisch naturell**
1	**Kopfsalat**
1	**rote Zwiebel**
3	**Tomaten**
1/2	**Salatgurke**
1/2 Bd	**glatte Petersilie**
2 EL	**Weinessig**
	Salz
	Pfeffer aus der Mühle
1 Pr	**Zucker**
3 EL	**Olivenöl**

- *Eier hart kochen, abschrecken, pellen und vierteln. Den Thunfisch auf einem Sieb abtropfen lassen und zerteilen. Gemüse und Salat putzen. Den Salat in mundgerechte Stücke zupfen, Zwiebel in Ringe, Tomaten in Achtel, Gurke in Scheiben schneiden, Petersilienblätter von den Stängeln zupfen. Alle Zutaten bis auf die Eier in einer Schüssel mischen und die Salatsoße aus Essig, Salz, Pfeffer, Zucker und Öl vorsichtig unterheben. Mit Eivierteln garnieren. Dazu passt ein deftiges Mischbrot.*

Variationen zur Gemüsepfanne

- Andere Gemüsesorten verwenden.
- Statt Erdnussmus 1 EL Schmand oder etwas cremigen Schafskäse unterrühren.

Warm und nährend

Schnelle Gemüsepfanne mit Erdnusssoße und Couscous

Zutaten für 1 Portion:

1 Stange	**Lauch, klein**
1	**kleine Zwiebel**
2	**Möhren**
1	**Paprikaschote, klein**
1 TL	**Tomatenmark**
	Instant-Gemüsebrühe
1 EL	**Erdnussmus, cremig**
	Chili
	Pfeffer, Salz
1 EL	**Öl**
1 Tasse	**Instant-Couscous**

- *Knapp einen halben Liter Wasser zum Kochen bringen.*
  Eine beschichtete Deckelpfanne mit dem Öl auspinseln. Gemüse putzen, in Streifen bzw. Scheiben schneiden und in dem Öl anschmoren.
  Wenn das Wasser kocht, eine Tasse davon über das in einen kleinen Topf gefüllte Couscous geben, salzen, einmal umrühren und zugedeckt ausquellen lasssen. Dann eine Tasse heißes Wasser kräftig mit Gemüsebrühe würzen, Tomatenmark und Erdnussmus darin auflösen und das Gemüse damit ablöschen. Zugedeckt unter gelegentlichem Umrühren 10 Minuten kochen lassen.
  Gemüse mit Chili, Pfeffer und gekörnter Brühe abschmecken und mit dem ausgequollenen Couscous servieren.

Edel und einfach

Honigmelone mit Bündnerfleisch und Baguette-Brot

Zutaten für 2 Portionen:

1	kleine Honigmelone
80 g	Bündnerfleisch, hauchdünn geschnitten
1/2	Baguette-Brot

- *Honigmelone in Spalten schneiden und sternförmig auf einem Teller zusammen mit dem Bündnerfleisch anrichten, Brotscheiben dazu reichen.*

Tipp

- Honigmelonen sind reif und süß, wenn sie am Stielansatz auf Druck leicht nachgeben und kräftig nach Melone duften.

Klassisch und gut

Pellkartoffeln mit Kräuterquark

Zutaten für 2 Portionen:

400 g	kleine Kartoffeln
2 TL	Salz
2 TL	Kümmel
250 g	Magerquark
1/2 Becher	Magermilchjoghurt (75 g)
1 Bd	Basilikum oder Schnittlauch
1	große Tomate
	Salz, weißer Pfeffer

- *Kartoffeln waschen und mit heißem Wasser zum Kochen bringen. Salz und Kümmel in das Kochwasser geben, die Kartoffeln darin etwa 20 Minuten garen. In der Zwischenzeit Quark mit Joghurt glatt rühren, mit gehackten Kräutern und Tomatenwürfeln verrühren und mit Salz und Pfeffer abschmecken.*

Kartoffeln mit Quark: klassisch und gut

Tipps

- Durch geriebene Kartoffel erhält jede Suppe eine leichte, kalorienarme Bindung.
- Statt Schinken kann auch Kasslerfleisch verwendet werden.

Heiß und wärmend

Gemüseeintopf mit Schinken

200 g	gekochter Schinken
2	Kartoffeln
1 l	Instant-Brühe
450 g	Suppengrün, tiefgefroren
300 g	Erbsen, tiefgefroren (300 g)
1 Bd	Petersilie
	Pfeffer

- *Schinken würfeln, Kartoffeln schälen und grob raspeln. Die Brühe aufkochen. Erst das Suppengrün, dann Erbsen und Kartoffelraspel zugeben und garen. Die Garzeiten stehen auf der Packung. Fünf Minuten vor Ende der Garzeit die Schinkenwürfel zur Suppe geben. Mit Petersilie bestreut servieren. Dazu passt kräftiges Bauernbrot.*

Vorsorgen und Kombinieren

Vorkochen

Glücklicherweise geht es nicht täglich so stressig zu, dass zum gemütlichen Kochen und Essen keine Zeit und Kraft bleiben. An geruhsameren Tagen besteht die Möglichkeit, für hektische Zeiten vorzusorgen, sprich, im voraus für sich zu sorgen. Kochen Sie auf Vorrat und frieren Sie die Speisen portionsweise ein. Klingt banal, aber es funktioniert. Unverzichtbar: ausreichend 4-Sterne-Tiefkühlmöglichkeiten und fest verschließbare, gefriertaugliche Kunststoffdosen und Gefrierbeutel. Damit es kein Durcheinander gibt: Dosen bzw. Beutel mit Einfrierdatum und Inhalt beschriften.
Aufgewärmtes Essen ist nie so vitaminreich wie frisch gekochtes. Deshalb aufgewärmtes Essen mit frischen Kräutern aufpeppen und mit Rohkost oder einem Stück Obst kombinieren.

Türkische Linsensuppe

Zutaten für 16 Portionen:

800 g	**rote Linsen**
4 l	**fettarme Brühe**
4 EL	**Tomatenmark**
4	**Lorbeerblätter**
4	**Zwiebeln**
5–6 EL	**Olivenöl**
	Pfeffer, Salz
	scharfes Paprikapulver

▸ *Zwiebeln fein würfeln und in dem Öl in einem sehr großen Topf anschmoren, Linsen kalt abbrausen und dazugeben. Mit Brühe ablöschen und übrige Zutaten zugeben. Aufkochen lassen und im zugedeckten Topf 15–20 Minuten köcheln lassen, bis die Linsen zerfallen. Kräftig abschmecken, abkühlen lassen und portionsweise einfrieren. Nach dem Auftauen vorsichtig erhitzen und mit frischer Petersilie und Brot servieren.*

Tipp

▸ Fein gewürfeltes Gemüse (Paprika, Zucchini, Porree) oder Möhrenraspel, vor dem Erhitzen kurz angedünstet, machen die Suppe noch vitaminreicher.

Das eignet sich zum Einfrieren (Beispiele)

- **Aufläufe:** roh oder knapp vorgegart in der Form einfrieren
- **Suppen:** klare Suppe mit und ohne Einlage, cremige bzw. pürierte Suppen ohne Ei und Sahne
- **Eintopf:** knapp gegart mit allen Zutaten außer Kartoffeln
- **Fleischgerichte** mit und ohne Soße
- **Gefülltes Gemüse:** knapp garen
- **Reis/Vollkornreis**
- **Kräuter:** fein gehackt
- **Rohes Gemüse:** klein schneiden, blanchieren und schnell einfrieren
- **Käse, Quark, Quarkzubereitungen**
- **Zitronensaft:** frisch gepresst in Eiswürfelbehältern
- **Brot:** im Stück oder in Scheiben
- **Pizza:** belegte, rohe Teigböden einfrieren
- **Hefeobstkuchen:** im Ganzen oder portionsweise einfrieren und bei Bedarf 5–10 Minuten bei 200 °C aufbacken.

Zutaten für Vorgekochtes und Tiefgekühltes: Erleichterung für hektische Tage

Gefrierkost – Tiefgefrierkost von A-Z

Welche Lebensmittel und Speisen kann man einfrieren und was ist dabei zu beachten? Darüber informiert eine Broschüre, erhältlich beim AID (Auswertungs- und Informationsdienst für Ernährung), *Adresse siehe Anhang Seite 127.*

Gemüse aus der Tiefkühltruhe

Fertiggerichte und Instant-Produkte – nicht alle sind schlecht

Verpönt von Gourmets und Gesundheitsbewussten: Fertiggerichte, Dosenkost, Instant-Produkte. Die Vorwürfe: zu fett, zu salzig, vitaminarm, Esskultur-Zerstörer, nur für ignorante Allesfresser, mit normiertem Einheitsgeschmack. Doch es gibt Unterschiede. Wer es häufig eilig hat, für den ist ein Vorrat mit Bedacht und etwas Know-how ausgewählter Fertiggerichte und -produkte eine gute Vorbeugung gegen unkontrollierte Es(s)kapaden. Auf die verarbeiteten Zutaten und die Art der Konservierung kommt es an.

Bevorzugen Sie Tiefkühlprodukte

Sie sind in jedem Fall vitaminreicher als Lebensmittel aus der Dose oder gar Tüte. Besser, d.h. der Frischware am ähnlichsten, schmeckt Tiefkühlware außerdem. Geputztes und lediglich zerkleinertes Gemüse aus dem Kälteschlaf gibt es in Vorratspackungen mittlerweile in vielen Sorten. Auch Komplett-Menüs aus der Tiefkühltruhe sind meist phantasievoller zusammengestellt als in hitzesterilisierten Dosen oder Packungen.

Achten Sie aufs Etikett

In der Zutatenliste sind die verarbeiteten Zutaten in mengenmäßig absteigender Reihenfolge aufgeführt. Sinnvoll sind Waren mit hohem Anteil von Gemüse, kombiniert mit Reis oder Nudeln und eher wenigem oder gar keinem Fleisch. Stehen Fette und Öle oder fettreiche Zutaten wie Sahne, Speck, Käse oder Fleisch auf den ersten Positionen der Zutatenliste, sollten die Produkte lieber im Geschäft bleiben. Bedenkenswert: Bei Paniertem wie Fischstäbchen, Schnitzel oder Puffern wird zur weiteren Zubereitung viel Bratfett nötig.
Eine weitere wichtige Information auf dem Etikett sind die Nährwertangaben. Sie geben Aufschluss über den Gehalt an Fett, Eiweiß, Kohlenhydraten und Kalorien.

Meiden Sie Geschmacksverstärker

Enthalten in vielen Fertigprodukten tauchen sie unter dem Namen Natriumglutamat in der Zutatenliste auf. Sie verstärken oder übertünchen mangelnden Eigengeschmack der Speisen und verführen zum Mehr-Essen. Etliche Tiefkühlprodukte und Waren aus dem Bioladen und Reformhaus kommen ohne aus.

Nudelpfanne mit Gemüse und Ei

Zutaten für 2 Portionen:

75 g	**Fadennudeln**
	Salz
1 Stange	**Porree**
1 EL	**Raps- oder Sonnenblumenöl**
300 g	**Erbsen, tiefgekühlt**
2	**Eier**
3 EL	**fettarme Milch**
	Cayennepfeffer
1 Bd	**Schnittlauch**

- *Nudeln nach Packungsanweisung in Salzwasser garen und in einem Sieb abtropfen lassen. Porree putzen, waschen und in Ringe schneiden. Im heißen Öl kurz anbraten, Erbsen und vier Esslöffel Wasser zugeben, zugedeckt fünf Minuten garen.*
Eier mit Milch verquirlen und mit Salz und Cayennepfeffer würzen. Nudeln in die Pfanne geben und unter das Gemüse mischen. Eier zugießen und bei milder Hitze stocken lassen. Mit reichlich Schnittlauch bestreuen.

Variationen

- Man kann auch tiefgefrorenes Mischgemüse verwenden, z. B. Suppengemüse.
- Noch schneller geht's mit gekochten Nudeln vom Vortag. 75 g rohe Nudeln entsprechen etwa 200 g gekochten.

Semmelknödel mit Champignons

Zutaten für 2 Portionen:

4	**Semmelknödel (fertig)**
500 g	**Champignons**
2 EL	**Butter**
	Salz, Pfeffer
1 Bd	**Schnittlauch**

- *Die Semmelknödel nach Packungsanweisung garen. Champignons putzen und zerkleinern. Butter in beschichteter Pfanne erhitzen und die Champignons bei mäßiger Hitze dünsten, bis die Pilze noch leicht bissfest oder gar sind. Mit Salz und Pfeffer abschmecken. Mit den Knödeln anrichten und mit Schnittlauch bestreuen.*

Variationen

- Nach Saison schmecken auch andere Pilze wie z. B. Steinpilze, Maronen, Pfifferlinge oder Shitake-Pilze. Die Mengen variieren je nach Sorte.
- Wer auf viel Soße steht, kann mit Brühe, pflanzlichem Soßenbindemittel, Zitronensaft und einem Löffel saurer Sahne verlängern.

Tipps

- Pilze zum Säubern niemals ins Wasser legen.
- Pilze erst zuletzt salzen, sonst ziehen sie Wasser.

Mit dem Eierschneider geht es schneller

Anfangen –
Schritte in ein bewegteres Leben
Wer sich bewegt, tritt ganz anders auf ...

Bewegung – nicht nur im Sportverein

Die ersten Schritte in ein bewegteres Leben

Gertenschlank war Tanja nie gewesen. Aber auch nicht richtig dick. Mit ihrem Gewicht war sie gar nicht so unzufrieden, aber mit ihrer Figur und mit der Kurzatmigkeit. Wie oft hatte sie sich beim kritischen Blick in den Spiegel vorgenommen, wieder mit dem Sport zu beginnen oder wenigstens öfter einige Wege zu Fuß zu erledigen. Doch immer wieder siegte ihre momentane Bequemlichkeit.

Lieber laufen und fit werden als herumstehen und warten

Die Wende brachte jener Tag, als in ihrer Firma der Fahrstuhl defekt war. Wie alle Kollegen musste sie einen Tag lang die Treppe benutzen. Tat sie aber fast gar nicht. Der erste »Aufstieg« zu ihrem Büro im dritten Stock reichte ihr. Sie brauchte Minuten, um wieder zu Atem zu kommen. Das nervte Tanja so sehr, dass sie sich selbst Besserung versprach.
Früher hat ihre Familie im zweiten Stock gewohnt. Da machten ihr Treppen überhaupt nichts aus. Außerdem war sie damals regelmäßig in den Sportverein zur Gymnastik gegangen und der kleine Garten machte auch einige Arbeit. In diesen Jahren war Tanja ständig in Bewegung gewesen, ohne es großartig zu planen. In ihrer Erinnerung spürt Tanja förmlich wieder, wie fit und gesund sie sich damals gefühlt hat. Sie nimmt sich vor, beim Treppensteigen nie wieder aus der Puste zu kommen.

Tanja lässt Fahrstühle von nun an links liegen – ebenso die Rolltreppen an Bahnhöfen. Auch ihre alte Sportgruppe besucht Tanja nach einigen Jahren Abwesenheit wieder einmal. Aber Übungsleiterin und Hallenzeit haben gewechselt. Weil ihr beides nicht gefällt, fängt sie lieber an, jeden Morgen nach dem Aufstehen allein einige einfache Gymnastikübungen zu machen. Das bringt den Kreislauf in Schwung und sorgt für Muskelzuwachs an Stellen, die auch optischen Nutzen bringen. Weil sie ihrem Durchhaltevermögen selbst nicht recht traut, fragte sie ihre Nachbarin, ob diese nicht Lust hat, einmal pro Woche bei einer halben Stunde Walking mitzumachen. Seit sechs Monaten sieht man die zwei fast jeden Mittwoch zügigen Schrittes durch den Stadtpark gehen – die Treppe in den dritten Stock hat mittlerweile genauso ihren Schrecken verloren wie der Blick in den Spiegel…

Die ersten Schritte sind am wertvollsten
Die größten Fitnesserfolge kann man feiern, wenn man von »no sports« auf einen regelmäßigen Tag Sport pro Woche umschaltet. Jeder weitere Sporttag bringt zwar weitere Fortschritte, die sind aber im Verhältnis nicht mehr so groß wie beim Schritt vom absoluten Sportmuffel zum mäßigen, aber regelmäßigen Aktivsportler.

Lieber auf zwei Rädern rollen als auf vier Rädern im Stau stehen

Alltag und Bewegung verbinden

»Keine Zeit.« Dies ist sicher die häufigste Antwort auf die Frage: »Machst Du Sport?« Schon richtig: Von Arbeit, Haushalt und Kindern voll gefordert, bleibt nur noch ein kleiner Rest Freizeit. Ideal wäre es, Alltag und Bewegung miteinander zu verbinden, in Bewegung zu bleiben und die Muskeln zu trainieren. Einige Anregungen finden Sie hier:

- ☞ Gehen Sie zu Fuß statt Lifte und Rolltreppen zu benutzen.
- ☞ Machen Sie spontane Kräftigungs- und Dehnübungen, während Sie fernsehen oder telefonieren.
- ☞ Besuchen Sie Ihre Kollegen auf der nächsten Etage, statt sie anzurufen – das fördert auch das Betriebsklima.
- ☞ Telefonieren Sie im Stehen und verzichten Sie auch in öffentlichen Verkehrsmitteln aufs Sitzen.
- ☞ Bleiben Sie in Warteschlangen oder an Haltestellen nicht einfach still stehen, sondern kreisen Sie Ihre Fußgelenke, wippen Sie zwischen Fersen- und Ballenstand oder gehen Sie ein paar Schritte spazieren – vielleicht zum nächsten Schaufenster.
- ☞ Parken Sie Ihr Auto einige Gehminuten von der Firma entfernt oder steigen Sie eine Haltestelle früher aus. Ein kleiner Fußweg morgens an der frischen Luft hilft, richtig wach zu werden und abends, den Kopf frei zu bekommen.
- ☞ Erledigen Sie kleine Besorgungen zu Fuß oder mit dem Fahrrad statt mit dem Auto.
- ☞ Bringen Sie mehr Bewegung in Ihre Freizeit durch Radfahren und längere Spaziergänge.
- ☞ Wechseln Sie bei Ihrer Hausarbeit systematisch die Belastung: Bügeln für Arme und Schultern – Gartenarbeit für den ganzen Körper – Geschirrspülen für Arme und Schultern – Fensterputzen für Koordination und Gleichgewicht.

Bewegung lässt sich häufiger im Alltag unterbringen als die meisten es tun. Mit ein wenig Phantasie stärkt ein Tag ohne Sport trotzdem Kreislauf und Muskulatur. Einige haben schlicht nichts übrig für Tennisplatz, Joggingpfad, Turnhalle oder Schwimmbad. Aber längst nicht jeder Sportmuffel ist zwangsläufig auch ein Bewegungsmuffel.

Das Bewegungstagebuch

▶ Notieren Sie eine Woche lang alle Bewegungsaktivitäten in einer Liste. Machen Sie sich Ihr Bewegungskonto bewusst. Versuchen Sie nun, durch mehr Bewegung Gutschriften zu sammeln und notieren Sie wieder. Hat Ihr Guthaben zugenommen, so dürfen Sie mit Recht stolz auf sich sein.

Wozu mehr bewegen?

Sport – einfach die Pfunde verbrennen?

Eine Illusion sollten Sie im Zusammenhang mit Sport gleich aufgeben: dass Sie allein durch Sporttreiben schnell Ihr Traumgewicht erreichen können. Obwohl – unmöglich ist das nicht, nur dann müssten Sie aber fast jeden Tag die Sportschuhe schnüren und ein umfangreiches Power-Programm abspulen, das nichts mehr mit normalem Freizeit-Spaßsport zu tun hätte.

Wer eher daran interessiert ist, sein Gewicht zu halten und außerdem die allgemeine Fitness zu verbessern, für den sind zwei- bis dreimal pro Woche vernünftig dosierter Sport oder andere Bewegung völlig ausreichend. Nehmen Sie sich Zeit, um etwas zu finden, das Sie auch langfristig als Ihre Sportart beibehalten können. Wer sich nicht bloß wegen der Energieverbrennung bewegt, sondern weil Sport und Spiel einfach Spaß und Freude bereiten, das körperliche Wohlbefinden steigern und für seelische Entspannung sorgen, der wird bald feststellen:

Sport hilft beim Abnehmen

Sport ist sicher ein wichtiger Baustein auf dem Weg zum Wohlfühlgewicht – schon einfach, weil er vom Essen ablenkt. Aber selbst, wenn sich aktives Sporttreiben nur allmählich auf der Waage bemerkbar macht, im Spiegel werden Sie viel früher einen Unterschied bemerken: Ihre Körperformen straffen sich deutlich, der Körperumfang nimmt ab, das Erscheinungsbild wird sportlicher und gesünder – Sie gehen einfach mit mehr Schwung durchs Leben.

Der erste Schritt ist die Selbstanalyse:

Welcher Sport-Typ sind Sie? Was könnte Ihnen Spaß machen? Sind Sie eher eine Einzelkämpferin (Laufen, Tennis) oder ein »Herdentier« (Gymnastikgruppe, Sportspiele) und brauchen Sie Geselligkeit (Tanzen)? Suchen Sie viel Abwechslung (Fitness-Studio: Krafttraining, Aerobic, Entspannung, Swimming-Pool) oder gehen Sie lieber nur einer Sache richtig auf den Grund und suchen etwas Exotisches (Bauchtanzen, Taijiquan)? Manch guter Wille ist schon im Ansatz durch die falsche Wahl der Sportart abgewürgt worden.

Allerdings: Aller Anfang ist schwer. Es gibt keine Abkürzung auf dem Weg zur optimalen Fitness. Geben Sie sich Zeit, denn Veränderungen passieren schrittweise. Aber wenn Sie den ersten Schritt erst mal gewagt haben, dann werden Sie irgendwann nach dem Sport feststellen: So sympathisch sind Sie sich schon lange nicht mehr gewesen.

Wichtig

- Niemand ist für Bewegung, Spiel und Sport zu alt. Aber wer Neu- oder Wiedereinsteiger ist – also längere Zeit keinen Sport betrieben hat – oder wer an organischen Erkrankungen des Stoffwechsels, Bewegungsapparates oder Herz-Kreislauf-Systems leidet, sollte vor dem Start in neue sportliche Aktivitäten unbedingt seinen Hausarzt befragen.

Sport – die gesündeste Medizin

Sport bildet Muskeln. Muskeln verbrennen bei Arbeit Kalorien, Ausdauersport vor allem Fettkalorien. So einfach kann der Effekt von Bewegung auf den Energiehaushalt beschrieben werden. Dieser zusätzliche Verbrauch sorgt für eine allmähliche, aber zuverlässige Gewichtsreduzierung – außer wenn wegen des Sportprogramms auch gleichzeitig mehr gegessen wird. Untersuchungen zeigen aber, dass sich der Appetit durch regelmäßigen Sport meist auf ein natürliches Niveau regelt. Sport scheint bei vielen Menschen durch die intensive Beschäftigung mit ihrem Körper wieder eine Art Ur-Instinkt zu wecken, allgemein gesünder zu leben. So entwickeln Sportlerinnen mit der Zeit häufig ein natürliches Gespür für gesunde Ernährung und ein ausgeprägtes Körpergefühl.

Noch Stunden nach dem Sport ist die Stoffwechselrate auf einem erhöhten Niveau, wird den Fettdepots mit dem sogenannten Nachbrenneffekt »Feuer gemacht«. Sport hat noch viel mehr positive Eigenschaften, denn Sport:

- … verändert die Körperform und strafft den Körper, Muskeln ersetzen schlaffes Fettgewebe,
- … verlangsamt bei den Knochen den Verlust an Dichte und Masse,
- … senkt Ihren Cholesterinspiegel, wenn der Sport ausdauerbetont ist,
- … stärkt Ihr Immunsystem, Sie sind weniger anfällig für Infekte,
- … verbessert die Durchblutung des Gehirns um bis zu 25 Prozent,
- … verhindert, dass Ihr Körper beim Abnehmen Muskelmasse statt Fett abbaut,
- … trainiert auch Ihren Herzmuskel und schützt damit Ihr Herz-Kreislauf-System,
- … sorgt für eine tiefere und kräftigere Atmung und verschafft Ihnen regelmäßig eine intensive Sauerstoff-Dusche,
- … baut Stress ab, bringt seelische Stabilität und sorgt für ein Gegengewicht zu Hektik und Arbeitsbelastung,
- … bildet ein Muskelkorsett, das die Wirbelsäule und andere Gelenke entlastet,
- … knüpft, in einer Gruppe betrieben, soziale Kontakte und sorgt für aktive Freizeitgestaltung,

Sport soll Spaß machen

- … beansprucht Sie zwar, macht Sie dadurch aber nicht schwächer, sondern kräftiger unwiderstandsfähiger,
- … sorgt für einen tiefen und erholsamen Schlaf, der trotzdem kürzer sein kann als sonst,
- … macht vor allen Dingen unheimlich viel Spaß und schafft einen herrlich klaren Kopf,
- … stärkt Ihren Körper und bringt Ihnen einen Zuwachs an geistiger und seelischer Ausgeglichenheit und Kraft – also mehr Lebensqualität.

In einem Satz: Spaßvolle körperliche Aktivität ist die einzige Tätigkeit, die Ihnen mehr Energie bringt, als sie verbraucht!

Muskeln in Schwung bringen

Wer das Abnehmen mit einer Figurformung verbinden will, für den ist Kraftausdauertraining genau das Richtige. Das VHS-Kursbuch »Muskelschwung – Gymnastik für gezielte Kraft«, Ernst Klett Verlag, ISBN 3-12-939871-6, zeigt, wie das geht.

So geht's!

Gehen oder laufen – erlaubt ist, was Spaß macht

Mit Ausdauersport zum Wohlfühlgewicht

Gehen oder Laufen

Zu diesem Fitnesstraining müssen Sie sich nicht erst überwinden. Sie machen es ständig und seit Ihrem ersten Lebensjahr. Aber macht eine Runde Spazierengehen denn richtig fit, so wie Jogging? Nicht ganz, denn Trainingseffekt und Energieverbrauch sind im Verhältnis zum Zeitaufwand beim Laufen am größten. Wenn Sie aber Tempo und Strecke beim Gehen ein wenig steigern, also zügigen Schrittes einige Kilometer so genanntes »Walking« betreiben, dann können Sie sich nicht nur an der Natur erfreuen, sondern auch an spürbaren Trainingseffekten für Herz, Kreislauf und Stoffwechsel. Ein großer Vorteil gegenüber dem Laufen: Die Gelenke werden geschont. Auf ihnen lastet beim Laufen mit jeder Landung das Drei- bis Vierfache des Körpergewichts – nach langer Sportpause, bei Übergewicht oder Gelenkbeschwerden ein Grund, das Fitnessprogramm lieber nicht mit Laufen, sondern mit Walking zu beginnen. Diese sanfte und natürliche Bewegungsform eignet sich bei richtiger Dosierung sogar bedenkenlos für tägliches Training.

Anfängerprogramm Walking

Langsam losgehen und allmählich steigern. Nach fünf Minuten sollten Sie zügiges Tempo erreicht haben. Zum Abschluss einige Stretchingübungen durchführen.

2–3 Walking-Tage pro Woche	Gehzeit pro Tag in Minuten
1. Woche	15 / 20 / 15
2. Woche	20 / 30 / 20
3. Woche	30 / 40 / 30
4. Woche	40 / 50 / 40
5. Woche	50 / 60 / 50
6. Woche	60 /60 / 60

Anfängerprogramm Laufen

Machen Sie vor und besonders nach dem Laufen einige Stretchingübungen. Laufen Sie immer so langsam, dass Sie sich ohne Atemnot unterhalten könnten.

2–3 Lauftage pro Woche	Laufzeit (x) und Gehpause (o) in Minuten					
	5	10	15	20	25	30
1. Woche	OXOXO	XOXXO	XOXXO	XXOXO		
2. Woche	OXOXO	XXOXX	OXXXO	XXOXO		
3. Woche	OXOXX	OXXXX	OXXXX	OXXXX	OXXXO	
4. Woche	OXXOX	XXXXO	XXXXX	OXXXX	XOXXO	
5. Woche	OXXXO	XXXXX	XXOXX	XXXXX	XOXXX	XXXXO
6. Woche	OXXXO	XXXXX	XXXOX	XXXXX	XXOXX	XXXXO
7. Woche	OXXXO	XXXXX	XXXXX	XXXXX	OXXXX	XXXXO
8. Woche	OXXXX	XXXXX	XXXXX	XXXXX	XXXXX	XXXXO

Der Mix macht's!

Lassen Sie zwischen den Sporttagen mindestens einen Pausentag, damit sich der Körper erholen kann! Dreimal pro Woche eine halbe Stunde ist besser als einmal bis zur Erschöpfung. Ideal ist ein Mischprogramm aus verschiedenen Sportarten, z. B.
Dienstag: Walking
Donnerstag: Tanzen
Sonntag: Radfahren
So vermeiden Sie Überlastungen und Langeweile.

Schwimmen – erlaubt ist, was Spaß macht

Anfängerprogramm Schwimmen

Schwimmen ist ein ideales Ganzkörpertraining. Die Überwindung des Wasserwiderstandes macht den Trainingseffekt aus. Gleichzeitig aber ermöglicht der Auftrieb auch Übergewichtigen und Rückengeschädigten auf schonende Weise Kalorien zu verbrennen und Verspannungen zu lösen. Übrigens: Brustschwimmen mit hochgerecktem Kopf ist wegen der Halswirbelsäulenbelastung weniger empfehlenswert – wenn schon, dann mit Tauchtechnik. Für Freizeitschwimmer ist der Kraulstil mit seiner gestreckten Wasserlage die interessanteste Variante: Freistil ist ökonomisch, schnell und sieht auch noch richtig gut aus. In vielen Schwimmbädern können Sie die Schwimmarten unter fachkundiger Anleitung erlernen.

Schwimmstrecken (in Meter) und Pausen (o). Schwimmen Sie weiter, wenn Sie wieder ruhig atmen. Schwimmen Sie allmählich ohne Pausen. 2–3 Schwimmtage pro Woche.

	Meter						
1. + 2. Woche	50	o	50	o	100	o	50
3. + 4. Woche	50	o	100	o	100	o	50
5. + 6. Woche	50	o	100	o	150	o	100
7. + 8. Woche	100	o	100	o	250	o	250

Alternativen

▶ Vielleicht mögen Sie statt der typischen Ausdauersportarten viel lieber ausdauernd tanzen oder Inline skaten? Auf geht's und viel Spaß! Aber denken Sie immer an folgende Grundregel, um Überlastungen zu vermeiden: Egal, was Sie tun – tun Sie es immer mit dem Gefühl, Sie könnten noch viel mehr schaffen.

Langsam, lange und regelmäßig

▶ Beim Ausdauersport wird anteilig besonders viel Energie aus der Verbrennung von Fett gewonnen. Ein nach Luft japsender Körper baut fast nur Kohlenhydrate ab. Also: Lieber langsam und lange als kurz und knackig!

Radfahren – erlaubt ist, was Spaß macht

Anfängerprogramm Radfahren

Für das Fahrradfahren gilt: Soll es wirklich etwas bringen, müssen Sie schon ein flottes Tempo wählen und mindestens eine halbe Stunde unterwegs sein. Das Gewicht ruht auf dem Sattel, Beine und Herz-Kreislauf werden trainiert, ohne die Gelenke zu überlasten. Mit der Übersetzung verhält es sich wie mit den Schritten beim Walking: Wählen Sie lieber einen leichten Gang (= kleine Schritte), denn schwere Gänge (= große Schritte) belasten die Knie viel stärker.

Zügiges (x) und langsames (o) Fahren in Minuten. Fahren Sie allmählich noch längere Strecken. 2–3 Fahrradttage pro Woche.

Minuten	5	10	15	20	25	30	35	40	45
1. + 2. Woche	ooooo	xxxxx	ooxxx	xxxxx	ooxxx	ooooo			
3. + 4. Woche	ooooo	xxxxx	ooxxx	xxxxx	ooxxx	xxxxx	ooooo		
5. + 6. Woche	ooooo	xxxxx	xxxoo	xxxxx	xxxoo	xxxxx	xxxxx	ooooo	
7. + 8. Woche	ooooo	xxxxx	xxxxx	ooxxx	xxxxx	xxxxx	ooxxx	xxxxx	ooooo

Gemeinsam geht's leichter

Den Bewegungsmuffel überwinden

Viele sagen »keine Zeit« und meinen »keine Lust«. Wer weiß, dass er manchmal unter Antriebsschwäche leidet, sollte zu einigen einfachen Tricks greifen, um seine guten Vorsätze in Aktion umzusetzen:

- ☞ Nehmen Sie sich nicht zu viel vor. Regelmäßig einige Minuten Gymnastik oder Spaziergänge sind leichter durchzuhalten als dreimal pro Woche Jogging plus Schwimmen am Sonntag.
- ☞ Probieren Sie aus, was Ihnen Spaß macht. Viele Sportarten können Sie allein testen. In Sportvereinen oder Fitness-Studios sollten Sie einige Probestunden mitmachen, bevor Sie sich entscheiden.
- ☞ Geben Sie nicht zu schnell auf. Erst wenn Bewegungen leichter fallen, kommt beim Sport die rechte Freude auf. Diese Leichtigkeit können Sie nach dreimal Sport noch nicht erleben.
- ☞ Übertreiben Sie nicht. Ständiger Muskelkater deutet auf Überlastungen, die langfristig auch Kreislauf und Gelenken schaden.
- ☞ Betrachten Sie Ihre Fortschritte individuell und rückwirkend, statt sich an unerreichbaren Vorbildern zu orientieren.
- ☞ Suchen Sie sich Gleichgesinnte und spornen Sie sich gegenseitig an, das hilft bei gelegentlichen Durchhängern. Oder verbünden Sie sich mit einer, die bereits regelmäßig Sport treibt, und lernen Sie von ihren Erfahrungen.
- ☞ Nehmen Sie das Sportangebot Ihrer Region unter die Lupe: Suchen Sie im Telefonbuch nach Sportvereinen und Fitnessanlagen oder fragen Sie beim regionalen Sportbund nach Adressen. Volkshochschulen bieten meist die Gelegenheit Bewegungsangebote kennen zu lernen.
- ☞ Bauen Sie Bewegung in Ihren Tagesablauf ein wie Zähneputzen.

Starten statt Warten

Am wichtigsten ist, dass Sie ein momentanes Motivations-Hoch sofort nutzen und sich nicht durch Störfaktoren wie ungünstige Wochentage abhalten lassen. So etwas können Sie später oft ändern. Wer einmal das angenehme Gefühl von Müdigkeit und Entspannung, das sich nach einer guten Sportstunde in Körper und Seele ausbreitet, selbst kennen gelernt hat, bleibt meist am Ball.

Wussten Sie, …

- … dass Sie Ihr Sportprogramm eher durchhalten, wenn Sie Ihre Fitnesstage fest in den Terminkalender eintragen?
- … dass Frühsport leichter fällt, wenn man schon abends mit dem festen Gedanken an Morgengymnastik ins Bett geht?
- … dass Sie sich eher zum Sport aufraffen, wenn Sie nach der Arbeit gleich loslegen oder sogar direkt vom Arbeitsplatz zum Sport gehen?
- … dass viele den Einstieg in Ihre Lifetime-Sportart beim Aktiv-Urlaub gefunden haben?

Krafttraining – Die Lust an der Last

Warum haben Fitness-Studios Erfolg? Sicher – weil man kommen kann, wann man will und weil das Ambiente meist angenehmer ist als in miefigen Turnhallen. Aber auch weil Krafttraining die Körperform verändert und die wenigsten Menschen mit ihrem Spiegelbild zufrieden sind. Ausdauerbetontes Krafttraining mit kleinen Gewichten trainiert das Herzkreislauf-System und sorgt für schlanke Muskeln sowie eine Straffung des Körpers, ohne dicke Muskelpakete aufzubauen. Dass Ihr Gewicht bei reinem Krafttraining ohne gleichzeitiges Ausdauerprogramm leicht nach oben gehen kann, hat einen einfachen Grund: Muskelfasern wiegen schwerer als Fettgewebe.

Fitnesstraining daheim – zu jeder Tageszeit möglich

Auch viele größere Sportvereine haben eigene Fitness-Studios. Diese sind meist kostengünstiger als private Anlagen und Sie können zusätzlich alle anderen Sparten des Sportvereins nutzen. Wer aber Kraftmaschinen nicht mag oder sich ungern beim Training zuschauen lässt, der kann seine Kraftausdauer auch zu Hause trainieren: mit kleinen Hanteln oder dehnbaren Gummibändern. Eine professionelle Einführung in den Gebrauch dieser Geräte ist aber unerlässlich.

Zum Start ein Gesundheits-Check

Gute Fitness-Anlagen bieten einen umfassenden Gesundheits-Check, am besten in Zusammenarbeit mit einem Arzt. Außer einer Messung der körperlichen Belastbarkeit sollten für die Erstellung eines individuellen Trainingsprogramms auch Risikofaktoren, Vorerkrankungen und Beschwerden berücksichtigt werden. Checken Sie aber auch das Studio:

- Welche Qualifikation hat das Personal?
- Sind genügend erstklassige Geräte vorhanden, so dass keine Wartezeiten entstehen?
- Überprüfen Sie den Zustand von Nasszone, Umkleideräumen und Toiletten.
- Unterschreiben Sie als Neuling keinen Vertrag mit mehr als sechs Monaten Laufzeit. Achten Sie bei Verlängerung auf vierteljährliche Kündigungsfristen. Der Vertrag sollte automatisch enden bei: Schwangerschaft, Wehrdienst, Wohnortwechsel. Er sollte beitragsfrei ruhen bei schwerem Unfall und längerer Krankheit.

»Heimspiel«:

▶ Einige Anregungen fürs private Programm zu Hause:

Video:

Personal Fitness Trainer. Grundlagen mit 24-seitigem Booklet. 60 min. Polyband GmbH.

Bücher:

Fitmacher – Gymnastik für den Einstieg.
Ernst Klett Verlag, ISBN 3-12-939864-3
Dehnaktiv – Gymnastik für mehr Beweglichkeit.
Ernst Klett Verlag, ISBN 3-12-939866-x
Durchhaltekraft – Gymnastik für mehr Ausdauer.
Ernst Klett Verlag, ISBN 3-12-939905-4
Spielbein/Standbein – Gymnastik für bessere Koordination.
Ernst Klett Verlag, ISBN 3-12-939860-0
Muskelschwung – Gymnastik für gezielte Kraft.
Ernst Klett Verlag, ISBN 3-12-939871-6
Ullrich Pramann: Das Wohlfühl-Buch.
Südwest Verlag.
Jennifer Wade: Personal Training.
Cormoran Verlag.

Internet:

www.fitforfun.de

Fit für den Sport

Viel trinken

Das erste Ernährungs-Gebot für alle Sportlerinnen lautet: Du sollst trinken, trinken, trinken. Ziele sind Wasser- und Mineralstoffverluste auszugleichen und Energiespeicher davor zu bewahren, sich vollkommen zu entleeren. Deshalb sollten Sie Ihren Durst nach und während sportlicher Belastungen nicht nur mit Wasser, sondern auch mit Fruchtsaftschorlen löschen – und zwar immer verteilt auf kleine Portionen à 0,2 Liter. Kohlenhydratreiche Energiedrinks sind in jedem Falle besser geeignet als süße Limonaden – sie kosten allerdings rund das Doppelte und sind mit allerlei unnötigen Aromastoffen und künstlichen Vitaminen aufgepeppt. Nachteil: kein Lerneffekt für eine ausgewogenere und figurfreundliche Ernährung, die auf natürliche Mineralstoff- und Vitaminquellen zurückgreift.

Durstlöscher

Zutaten für ein großes Glas (ca. 300 ml):

100 g frische Erdbeeren
50 ml Apfelsaft
2 EL Honig
150 ml Mineralwasser

▸ *Früchte, Saft und Honig im Mixer pürieren und mit dem Wasser auffüllen. Sofort trinken.*

Power-Mix

Zutaten für ein großes Glas (ca. 300 ml):

1 Banane
1/2 Orange
250 ml fettarme Milch
1 TL Honig
Zimt

▸ *Banane in Stücke schneiden. Die Orange auspressen. Bananenstücke mit dem Orangensaft, der Milch, dem Honig und nach Geschmack Zimt pürieren. Sofort trinken. Geeignet als Energie-Drink, wenn der erste Durst bereits gestillt ist.*

Leicht essen

Direkt nach dem Sport oder bei länger andauernden Aktivitäten haben sich ungesüßte Bananenscheiben, Apfelstücke oder Trockenobst als perfekte kleine Energiehappen bewährt. Die Banane gilt als das ideale Fitness-Fastfood schlechthin, weil sie Mineralstoffe und Energie bringt, aber kein Fett.

Ein perfekter Sportsnack

Allerdings liefern nur vollreife Bananen mit braunen Sommersprossen reichlich Instant-Energie. Sie enthalten, im Gegensatz zu unreifen Früchten, über 20 Prozent schnell verdaulichen Zucker. Der Wanderklassiker, ein knackiger Apfel, enthält mehr Wasser und insgesamt eine günstige Zusammensetzung von Nährstoffen und Ballaststoffen, Vitaminen und Mineralien. Energieriegel können nicht mehr, eher weniger.

Wer meint, nach einer halben Stunde Jogging könne man sich als Belohnung hinterher ein Festmahl gönnen – die entsprechenden Kalorien hätte man ja schon vorher verbrannt – der irrt leider. Bei einer halben Stunde Jogging verbrennen Sie je nach Lauftempo und Körpergewicht rund 250 bis 350 Kalorien. Das entspricht einem kleinen Chef-Salat mit Dressing – ein eher karges Festmahl. Trotzdem gilt: Um die Regeneration zu beschleunigen, sollten Sie Ihrem Körper schon innerhalb der ersten zwei Stunden nach Belastung hochwertige und fettarme Energie- und Baustoffe sowie Vitamine und Mineralien zur Verfügung stellen, denn jetzt befindet er sich in der Aufbauphase. Die Bereitschaft der ausgelaugten Zellen, Nährstoffe aufzunehmen, ist jetzt besonders groß.

Außer Haus –

Wenn andere für mich kochen

Ein gutes Kantinenangebot und die bewusste Auswahl der Speisen helfen, sich gesund, schmackhaft und figurschonend zu verpflegen.

Viel unterwegs

Die Ess-Geschichte der Brigitte W.

Brigitte Weber ist Marketingleiterin eines großen Pharmaunternehmens. Mit ihren 38 Jahren hat sie beruflich bereits viel erreicht und ist zufrieden mit ihrem vielseitigen, manchmal aufreibenden Job, der ihr viele Kontakte zu interessanten Menschen ermöglicht. Die mit ihrer Tätigkeit verbundenen zahlreichen Reisen im In- und Ausland sind spannend, aber auch anstrengend. Fern von zu Hause sind Hotelküche und das Essen in Restaurants oder Flugzeugen eine nicht immer geliebte Form der Verpflegung. Etliche Kundenkontakte sind mit Restaurantbesuchen verbunden, Verhandlungen beim Arbeitsessen leichter – und so mancher Vertrag wurde beim Dessert oder einem Cognac unter Dach und Fach gebracht.

10 Jahre im Beruf und 4 Jahre in diesem Job haben Spuren hinterlassen: 16 Kilo mehr als bei ihrem Karrierestart zeigt die Waage heute an und so fit wie im Studium ist Brigitte Weber bei weitem nicht mehr. Damals spielte sie regelmäßig Handball, Squash und Tennis und fuhr aus Kostengründen alle Wege mit dem Rad. Die gute Küche zuhause wurde gleich wieder »verbrannt«. Die Warnungen ihres Arztes, mehr auf ihre Gesundheit und ihr Gewicht zu achten, hatte sie auf »später« verschoben. Aber als kürzlich eine »liebe Kollegin« anfing, sie wegen ihres Hüftumfangs aufzuziehen, wurde ihr klar: Es muss etwas passieren!

Als Managerin ist sie gewohnt, sich Ziele zu setzen und diese auch schrittweise umzusetzen. Von einer Ernährungsberaterin lässt sie sich überzeugen, dass nur eine langsame Gewichtsabnahme in Kombination mit mehr körperlicher Bewegung auf Dauer erfolgversprechend ist.

Dies sind ihre Ziele …

1. Mehr Bewegung und Sport
2. 12 kg Gewichtsverlust in einem Jahr
3. Weniger Alkohol
4. Umstellung der Ernährungsweise in Orientierung an der Lebensmittelpyramide

… und so setzt sie ihre Ziele um

- ☞ Das Fahrrad wird wann immer möglich für private Wege genutzt, Fahrradtouren mit Freunden geplant. Brigitte Weber aktiviert ihre Mitgliedschaft im Tennisverein neu und stellt fest, dass Kundenkontakte sich auch beim Sport intensivieren lassen. Auf Dienstreisen gewöhnt sie sich an, täglich den hoteleigenen Swimmingpool zu nutzen.
- ☞ Auf schnelle Erfolge programmiert schienen ihr 12 kg als Zielvorgabe zunächst nicht weitreichend genug, im Laufe des Jahres erlebt sie aber, dass diese sanfte Methode ihr ermöglicht, weiterhin genussvoll zu leben und leistungsfähig zu bleiben.
- ☞ Privat trinkt sie jetzt fast ausschließlich Mineralwasser, nur zu besonderen Gelegenheiten mal ein Glas Wein. Bei beruflichen »Trinkgelagen« überzeugt sie mit neuem Stil: Qualität statt Menge. Dass ihre Sinne klar bleiben, kommt ihr bei den Verhandlungen zugute und wird auch von den Kunden geschätzt.
- ☞ Zuhause wird ab sofort fettbewusster eingekauft und gekocht, es gibt täglich Gemüse und Salate, häufiger vegetarische Gerichte oder Fisch, ganz selten Fleisch. In Restaurants isst sie meist als Vorspeise Salat und bestellt auch dort meist gedünstete Fischgerichte oder sie bittet den Küchenchef gezielt um fettarme, leichte Menüs. Der Flugzeugsnack bleibt – wenn möglich – liegen. Auswärtigen Kundenbesuch lädt sie oft ins örtliche japanische Restaurant ein.

Spazierengehen fördert das Verhandlungsgeschick!

▸ Planen Sie wichtige Gespräche statt am Schreibtisch einmal bei einem Spaziergang im Park, ungestört von Telefon und unerwünschten Unterbrechungen. Die Bewegung an der frischen Luft bringt die Gedanken in Fluss, Körper und Gehirn werden mit Sauerstoff »durchpustet« und so Konzentration und strategisches Denken gefördert. Nebeneffekt: Die tägliche Bewegungsportion haben Sie gleich miterledigt.

Essen unterwegs – Fastfood

In Bahnhofshallen, Einkaufspassagen, auf dem Wochen- oder Jahrmarkt oder beim Straßenfest senden sie ihre mehr oder weniger verlockenden Düfte aus: Würstchen- und Hähnchenbratereien, Döner- und Pizzabuden, Hamburgerketten und neuerdings auch Asia-Läden und Edel-Imbisse, in denen Hummer, Austern und Champagner genossen werden sollen. Während der eine alle Düfte ungerührt an sich vorüberziehen lässt, läuft dem anderen im wahrsten Sinne des Wortes das Wasser im Mund zusammen. Ob Sie nun zu den einen oder anderen gehören, sicher ist: Widerstehen fällt leichter, wenn man satt ist.

Muss man denn überhaupt widerstehen? »Verroht die Esskultur« wettern die Gourmets, »ungesund, da fettreich und nährstoffarm« die Ernährungsexperten. Beides ist irgendwie richtig und führt dennoch am Kern der Sache vorbei. Denn die Bratwurst auf dem Straßenfest essen Sie wohl eher nicht zum erholsamen Genuss im Gourmetsinne und schon gar nicht, um ihren Nährstoffbedarf zu decken. Sie lieben sie vielleicht, weil es zünftig ist, mal mit den Fingern zu essen, weil es satt macht und irgendwie dazu gehört.

Dennoch: Auch beim Essen »auf die Schnelle« gibt es Unterschiede: Nicht alle Snacks sind so fettreich. In jedem Fall kommt es auch beim Express-Essen, wie bei allen Dingen im Leben, auf das Maß an, also auf die Häufigkeit und die Menge. Der Trick: Essen Sie Ihr Würstchen, Ihre Pizza oder den Big Mac nicht zusätzlich und nebenbei, sozusagen unbewusst, sondern, wenn es schon sein muss, anstatt einer normalen Mahlzeit.

Entstresster Einkaufsbummel

- Stürzen Sie sich nicht hungrig ins Getümmel, sondern mit einem leicht gefüllten Magen. Machen Sie rechtzeitig eine richtige Pause. Eine heiße Suppe oder ein Salatteller und ein erfrischendes Getränk im Sitzen eingenommen, wecken die Lebensgeister besser als ein fetter, schneller Snack im Stehen. Ihre Füße und Ihre Waage werden es Ihnen danken.

Durchschnittliche Fett- und Kaloriengehalte üblicher Snacks

Snack	Fett	kcal
Apfel	1 g	75
Apfeltasche	13 g	240
Backkartoffel mit Kräuterquark	11 g	330
Banane	0 g	110
Big Mac	33 g	552
Bockwurst (100 g)/ Brötchen/Senf	27 g	440
Bratwurst (150 g)/ Brötchen/Senf	51 g	692
Brötchen, trocken	1 g	125
Brötchen mit Butter und Käse	18 g	315
Brötchen mit Butter und Quark	15 g	305
Cheeseburger	15 g	321
Chefsalat	22 g	322
Croissant	12 g	185
Döner	32 g	699
Fischmac	26 g	448
Frikadelle	10 g	192
Frühlingsrolle, frittiert	12 g	300
Gulaschsuppe/Brot	10 g	240
1/2 Grillhähnchen	19 g	380
Hamburger	10 g	260
Kartoffelpuffer, 3 Stück	18 g	310
Kartoffelsalat mit Mayonnaise	27 g	390
Leberkäse (150g)/ Brötchen	47 g	605
Maiskolben mit 10 g Butter	9 g	156
Pizzastück (200 g) Margarita	17 g	455
Pizzastück (200 g) Salami	25 g	481
Pommes frites	13 g	320
Quiche Lorraine	28 g	385
Salat, kleine Portion mit Dressing	6 g	86
Sushi, 5 Stück	15 g	350
Tomatensuppe/Brot	2 g	150
Schinkenhörnchen	15 g	268
Zwiebelkuchen	35 g	683

Verwöhnt werden

Ein Kapitel ohne Rezepte …

… aber mit vielen Denkanstößen, Tipps, Anregungen und Strategien, die helfen, das Gewicht zu halten oder gar abzunehmen, auch wenn die eigene Verpflegung oft in den Händen anderer Menschen liegt. Wenn andere für mich kochen, habe ich scheinbar nur wenig Einfluss auf das, was ich esse. Sei es die ach so gut kochende Ehefrau oder der Ehemann, die Mutter, die einen immer wieder mit üppigen Lieblingsgerichten in Versuchung führt, die schlechte Kantine im Betrieb, berufliche Verpflichtungen, die allzu häufige Restaurantbesuche nötig machen. Auch Familienfeiern, Einladungen zu Hochzeiten, Geburtstagen, zu Grillfesten und weihnachtliche Schlemmereien sind im Bewusstsein der meisten Menschen unweigerliche Figurkiller. Für jeden dieser »Stolpersteine« gibt es aber Strategien, die das Stolpern auf dem Weg zum Wunschgewicht vermeiden.

»Liebe geht durch den Magen«

Mit dieser Liebe meinen es viele Gastgeberinnen, Mütter und Ehefrauen oft viel zu gut. Sie zurückzuweisen, erfordert meist fast unmenschliche Energie. Wer lässt sich schließlich nicht gern verwöhnen und möchte anlässlich von Festen und Feiern nicht gerne edle Speisen probieren! In jeder Kultur der Welt werden zu festlichen Anlässen Spezialitäten und Getränke in reichlicher Menge aufgetischt – Geselligkeit und Essen und Trinken gehören einfach zusammen.

Anders als in früheren Epochen, in denen alltags Schmalhans Küchenmeister war, können Sie sich heute, zumindest in Westeuropa, wenn gewünscht, täglich genussvolles Essen und Trinken jeder Art leisten. Damit die Figur nicht aus den Fugen gerät, ist auch, wenn andere für Sie kochen, etwas Bedacht angesagt. Kennzeichen aller festlichen Tafelrunden: Sie verlocken zum (zu)viel essen! Die Auswahl ist üppig und reichlich und nach Traditions-, Prestige- und Genusskriterien, aber nur äußerst selten nach gesundheitlichen Aspekten zusammengestellt. Damit festliche Genüsse nicht auf die Hüften schlagen, ist Vorsicht geboten.

Grundsätzlich gelten bei der Auswahl der verzehrten Speisen die selben Kriterien wie bisher vorgestellt: viel Gemüse, Obst und Salate, Reis, Nudeln, Kartoffeln und bevorzugt Fisch und mageres Fleisch, alles in fettarmer Zubereitung. Doch was, wenn dies gar nicht serviert wird, das Gemüse in Butter schwimmt, die Salate in Mayonnaisesoße, der Fisch in Form von fettem Räucheraal daherkommt und die fette »Sauce béarnaise« zum Filet einfach unwiderstehlich schmeckt? Komplettes Verzichten oder sogar das Fernbleiben von festlichen Veranstaltungen ist keine Lösung. Ersteres fördert Heißhungeranfälle und Depressionen, letzteres die Einsamkeit. Beides ist mit einem zufriedenen Lebensgefühl schließlich nicht vereinbar.

Besser: Feiern und genießen Sie richtig ohne Kalorienrechner im Kopf, aber sensibel für Ihr Hunger- und Sättigungsgefühl. Wenn Sie einmal richtig zugeschlagen haben, treten Sie in den Folgetagen etwas (!) kürzer. Psychologisch noch besser: Festlichkeiten aller Art kommen nicht überraschend. Essen und trinken Sie schon im voraus bewusst fettarm.

Faustregel (nicht nur) fürs Essen außer Haus:

- Essen Sie alles, was Ihnen schmeckt. Genießen Sie bewusst und langsam. Hören Sie auf zu essen, wenn Sie satt sind! Eher wenig Alkohol und viel Mineralwasser zu trinken hilft dabei. Loben Sie ruhig die Kochkünste der Gastgeberin – mit Worten, aber nicht mit der Gabel. Üben Sie charmantes Neinsagen. Nehmen Sie nur eine zweite Portion, wenn Sie wirklich noch hungrig sind.

Tanzen Sie mal wieder!

- Wer auf einem Fest viel tanzt, hat Spaß und weniger Zeit zum Futtern.

Essen gehen

Für die meisten Deutschen ist es eine der liebsten Freizeitbeschäftigungen. Ob neue oder alte deutsche Küche, italienisch, griechisch, türkisch, chinesisch, japanisch, mexikanisch, amerikanisch, ob rustikal oder nobel, Restaurants aller internationalen Geschmacksrichtungen, für jeden Ambientewunsch und jeden Geldbeutel stehen den Genusshungrigen zu Diensten. Allein in Hamburg füllen die Adressen aller Restaurants 37 Branchenbuch-Seiten, einfache Gaststätten, Cafes, Szene-Kneipen, Schnellimbisse und Veranstaltungsgastronomie noch nicht mitgerechnet.

Im Restaurant zu essen bedeutet mehr, als nur den Hunger zu stillen. Etwas zu erleben und die Geselligkeit sind mindestens ebenso bedeutsam. Nicht zu vergessen ist der »Verwöhnfaktor«: Für viele Singles und manche küchengestresste Hausfrau ist das Essen im Restaurant die einzige Möglichkeit, selbst einmal bekocht zu werden und Speisen zu genießen, deren Zubereitung am heimischen Herd zu aufwändig scheinen. Außerdem bleibt einem die anschließende ungeliebte Beseitigung des Küchenchaos erspart. Wenn nur die Waage am nächsten Tag nicht so unerbittlich in die Höhe schnellen würde …
Wer nur selten essen geht, braucht sich über die Auswahl des Restaurants und des verzehrten Menüs nicht unbedingt Gedanken zu machen. Der Körper kann im Rahmen einer ansonsten vernünftigen Essweise gelegentliche Es(s)kapaden durchaus ausgleichen. Das alltägliche Zuviel macht dick, nicht die seltene Schlemmerei.

Wer allerdings häufig, möglicherweise mehrmals wöchentlich privat oder beruflich auswärts isst oder essen muss, kann durch gezielte Speisen- und Restaurantauswahl unliebsame Konsequenzen vermeiden.

Genießen im Restaurant

Figurfreundliche Restaurants

Jeder Küchenchef serviert seine Spezialitäten. Das figurfreundliche Restaurant per se gibt es nicht. Leichtes und Fettarmes erhalten Sie noch am ehesten in der ostasiatischen, manchmal auch mediterranen Küche. Gastronomie, in denen Masse mit Klasse verwechselt wird und Riesenportionen auf dem Tisch landen, sollten Sie lieber meiden. Das Gleiche gilt für Küchen, bei denen ausschließlich Fleisch in Mengen Hauptbestandteil jedes Gerichts ist, Gratins in Unmengen von Soße und Käse ertrinken oder jedes Gericht in Öl oder Sahne schwimmt. Die Speisekarte gibt Aufschluss darüber, ob überhaupt Salate und leichte Gemüse- und Fischgerichte im Angebot sind. In guten Restaurants wird der Inhaber gerne bereit sein, auch spezielle Wünsche nach einer leichten Küche zu erfüllen. Sprechen Sie ihn einfach rechtzeitig schon ein paar Tage vor einem geplanten Restaurantbesuch an.

Am Folgetag die Waage meiden

▶ Dieser kleine Trick verhindert, dass der zuvor erlebte Genuss vom schlechten Gewissen überlagert wird. Psychologisch besser: Ein paar Tage bewusst fettarm essen und danach das Gewicht überprüfen.

Menüfolge ohne Reue

Aperitif und Getränke

Meiden Sie Hochprozentiges. Wenn es sein muss, kann es zum Aperitif auch mal ein trockener Sherry sein oder ein Becher Sake. Eine denkbare Alternative wäre ein kleiner Fruchtsaftcocktail ohne Promille.

Trinken Sie reichlich und bevorzugt Mineralwasser. Zum Essen kann ein Genießer-Gläschen trockener Wein oder ein kleines Bier getrunken werden. In Japan und China werden gerne grüner Tee oder Jasmintee getrunken – ohne Zucker.

Tee für den Genuss, Wasser für den Durst

Vorspeise

Wählen Sie nur eine Vorspeise, wenn Sie sehr hungrig sind. Die Vorspeise soll Appetit machen auf das Danach bzw. den ersten Hunger besänftigen, aber nicht beseitigen.

Wählen Sie je nach Angebot eine klare Brühe, noch besser Consommé, evtl. mit Gemüseeinlage.

Die Alternative ist ein kleiner Rohkostsalat. Das Dressing – am besten einfach Essig und Öl – lassen Sie sich zur besseren Dosierung getrennt servieren. Gemischte Vorspeisenteller beim Italiener oder Griechen sind meist öltriefend und so reichlich bemessen, dass für den Hauptgang kein Platz mehr im Magen bleibt. Fragen Sie beim Italiener nach einer typisch italienischen Rohkostplatte – das sind Gemüse wie Fenchel und Möhren in grobe Stücke geschnitten, die Sie ganz nach Bedarf und mit Rücksicht auf Ihre Linie in das Dressing einstippen.

Das oft zum Essen servierte Brot können Sie gerne essen. Die meist dazugehörige Butter lassen Sie lieber stehen. Auch typisch italienisch ist die Bruschetta, Brot mit Tomaten und Knoblauch. Mit einigen Tropfen Olivenöl ist sie eine gute Idee, in manchen Restaurants leider aber mit einer mehr als ausreichenden Menge an Öl zubereitet.

Hauptgang

Eine gute Wahl sind gegrillte oder gedünstete Fischgerichte oder auch mal Vegetarisches. Fleischliebhaber wählen magere Sorten, z. B. Filet von Huhn, Rind, Kalb oder Schwein oder auch Wildgerichte.
Gemüsebeilagen sollten nie fehlen. Im Restaurant werden sie allerdings oft, genau wie Salzkartoffeln, Reis, Nudeln oder Spätzle mit viel zerlassener Butter serviert. Bitten Sie die Bedienung, Ihre Beilagen natur zu servieren. Meiden Sie panierte, frittierte oder gebratene Speisen und Zubereitungen mit Speck.
Ob Fleischsoße, »Sauce béarnaise« oder »hollandaise«, Mayonnaise, Aioli, Käse- und Sahnesoßen, Buttersoßen usw. – in der Gastronomie

Der Appetithappen soll Vorfreude wecken

Der Hauptgang sättigt alle Sinne

haben es alle Soßen in sich, nämlich Fett in Form von Butter, Sahne, Crème fraîche, Öl, Eigelb. So enthalten 2 EL Sauce béarnaise je nach Zubereitung bereits 14 g Fett. Deshalb, auch wenn es schwer fällt, halten Sie sich bei den Soßen ein bisschen zurück, Ihre Waage wird es Ihnen danken. Einzige figurfreundliche Ausnahme: Tomatensoße, leider inzwischen in vielen Restaurants auch oft mit Sahne durchmischt. Die reinere Variante ist die gute Umgebung für die Portion Spaghetti, die als Hauptgang eine Alternative sein kann.

Obst als »Danach« versüßt den Abschluss

Dessert

Bestellen Sie nur ein Dessert, wenn Sie noch hungrig sind. Manchmal reicht auch ein Mokka oder Espresso zur Menüabrundung. Wenn nicht, entscheiden Sie sich für Fruchtiges, z. B. Früchte, Obstsalate, Geleespeisen oder auch mal Rote Grütze, das Standarddessert der norddeutschen Küche – aber bitte ohne Sahne. Immer lecker und geeignet, da fettfrei, sind fruchtige Sorbets.

»Lieber den Magen verrenkt als dem Wirt was geschenkt!«
Bitte vergessen Sie dieses Motto. Überreichliche Portionen aufzuessen, obwohl Sie eigentlich schon längst satt sind, hilft niemandem und schadet nur Ihnen selbst.

Der Anstandsrest
In der französischen Küche gilt es als vornehm, den Teller nicht leer zu essen. Diese Sitte kann Ihrem Gewicht entgegenkommen. Lassen Sie dann bevorzugt die fettreicheren Anteile des Essens in üppigeren Mengen zurück – meist wird das die Fleischportion sein.

Fisch: figurfreundliche Komponente leichter Menüs

»Mahlzeit!«

So schallt es um die Mittagszeit allerorts durch deutsche Büroetagen und Fabrikhallen. Die wohlverdiente Mittagspause und der alltägliche Gang zur Kantine wird angetreten.

Nach langem Schlangestehen endlich an der Essensausgabe angekommen, bietet sich mancher Arbeitnehmerin ein trauriges Bild: ein Stück Fleisch, zerkochtes Gemüse, matschige Kartoffeln, eine Kelle Einheitssoße darüber – der Nächste, bitte! Auswahlmöglichkeiten? Fehlanzeige! Der Salat, wenn überhaupt im Angebot, welkt in kleinsten Schälchen traurig vor sich hin und ertrinkt in Dressing-Seen. Glücklicherweise sieht es nicht mehr allerorts so düster aus, im deutschen Kantinenangebot hat sich einiges getan.

Eigentlich müsste jeder Arbeitgeber ein Interesse daran haben, seinen Mitarbeiterinnen und Mitarbeitern ein zufrieden stellendes und halbwegs gesundes Kantinenessen zu ermöglichen, damit sie leistungsfähig und gesund bleiben. Doch Kantinenverpflegung ist eine Sozialleistung des Unternehmens und in Zeiten leerer Kassen wird hier gern gespart. So steht dann in der Küche nicht genügend Personal zur Verfügung, um frische, abwechslungsreiche Speisen zuzubereiten, notwendige Investitionen für moderne Kochgeräte werden verschoben bis zum Sanktnimmerleinstag, Fortbildung der Küchenkräfte in Sachen gesunder Ernährung gar nicht erst gefordert. Hinzu kommt: Kantinenköche haben, von seltenen Ausnahmen einmal abgesehen, ihre Ausbildung in der Gastronomie, oft in Hotels, absolviert. Dort spielte bisher das Thema gesunde, bedarfsgerechte Ernährung praktisch keine Rolle, wenn nicht das Thema »Wellness« und »Fitness« zum Service des Hauses gehört. Außerdem: Jeder Kantinenchef versucht, die Wünsche seiner Essensgäste zu erfüllen, seien sie nun eher gesundheitsbewusste Genießer oder eben auch konservative Hausmannskost- und Vielesser. Dieser tägliche Spagat kann nur mit viel Engagement und Kreativität gelingen – und einer entsprechenden Ausstattung.

Jammern hilft nichts!

Wenn Sie und viele Ihrer Kolleginnen unzufrieden über das Angebot in Ihrer Kantine sind, werden Sie aktiv. Verbesserungen sind sicher nicht von heute auf morgen zu erreichen, aber langfristig besteht Hoffnung.
Äußern Sie Ihre Wünsche beim Kantinenchef. Sprechen Sie auch mit Ihrem Personalchef oder dem Betriebs- bzw. Personalrat. Zur Veränderung des Kantinenangebots ist es hilfreich, fachliche Unterstützung in Anspruch zu nehmen. Fortbildungsangebote für Kantinenköche, schriftliches Infomaterial, Großküchen-Rezepte und ein Beratungsservice zur Einrichtung bzw. Umstellung der Kantine können bei der Deutschen Gesellschaft für Ernährung e. V. abgefragt werden. Auch manche Krankenkassen bieten im Rahmen betrieblicher Gesundheitsförderungsprogramme Kantinenberatung und Unterstützung bei Aktionswochen an.

Wenn das Angebot Ihrer Kantine Sie überhaupt nicht zufrieden stellt, nehmen Sie sich leichte Snacks für die Mittagspause von zu Hause mit, evtl. ergänzt durch akzeptable Kleinigkeiten aus der Kantine, z. B. eine Suppe oder Joghurt. Zum Abendessen wird dann mit Familie oder Freunden gekocht – fettarm und mit viel Gemüse, versteht sich.

Snack-Ideen zum Mitnehmen:

- … fettarm belegte Brote mit etwas Rohkost
- … Müsli mit fettarmer Milch und frischem Obst
- … geputztes, rohes Gemüse mit Quarkdip
- … vorbereiteter Salat mit Kochschinkenstreifen, Dressing extra mitnehmen
- … Melone mit magerem Schinken und etwas Brot
- … sättigender Salat aus Kartoffeln, Nudeln, Linsen oder Reis mit Gemüse und etwas Brot
- … vergessen Sie die Getränke nicht

So erkennen Sie eine gute Kantine:

- Es wird bevorzugt mit frischen Produkten gekocht.
- Im täglichen Angebot sind schonend gegartes Gemüse und frische Salate, im Idealfall gibt es ein Salatbuffet.
- Wahlmöglichkeiten zwischen verschiedenen Menüs bzw. Menükomponenten sind angenehm. Täglich sollte die Möglichkeit bestehen, fleischfrei zu essen.
- Mindestens 1–2 x wöchentlich werden Fischgerichte angeboten.
- Das Ambiente im Essraum ist angenehm, das Kantinenpersonal freundlich.
- Sehr fette Zubereitungsarten (Frittiertes, Paniertes, Speisen mit Mayonnaise) werden nur selten angeboten, an diesen Tagen gibt es fettarme Wahlmöglichkeiten.
- Es gibt täglich Desserts auf Basis von Milchprodukten und Obst (Quark- und Joghurtspeisen, Obstsalate)
- Kleine, fettarme Snacks (z. B. Suppen, Mozzarella-Tomaten) werden für den kleinen Hunger angeboten.

So wählen Sie aus

Während zu Hause das gegessen werden muss, was auf den Tisch kommt, haben Sie in einer guten Kantine Wahlmöglichkeiten. Hilfreich: Schon vor der Mittagspause nachspüren, auf was Sie Lust haben: eher Warmes oder Kaltes, Cremiges oder Knackiges, viel oder wenig.
Für die figurbewusste Auswahl in der Kantine gilt das Gleiche wie für jede andere Mahlzeit auch: Eher günstig sind Fisch- oder Gemüsegerichte in fettarmer Zubereitung oder mageres Fleisch. Bei Ihrer Auswahl nie fehlen sollten Gemüse, ein frischer Salat und stärkehaltige Beilagen wie Kartoffeln, Reis oder Nudeln und etwas zu trinken. In vielen Kantinen ist es möglich, die Menükomponenten auszutauschen, z. B. Salz- statt Bratkartoffeln, keine Bratwurst, dafür mehr Beilagen. Scheuen Sie sich nicht, an der Essensausgabe danach zu fragen. Fettreich und daher eher selten zu empfehlen sind Bratkartoffeln, Pommes, panierte und frittierte Speisen. Auch Bratlinge und Gemüsepuffer, für manche das Sinnbild vegetarischer Gesundheitskost, kommen in Kantinen oft aus der

Sollte in keiner Kantine fehlen – ein Salatbuffet

Fertigpackung und werden in viel Fett gebraten oder frittiert.
Wer den süßen Abschluss liebt, wählt Obst bzw. Obstsalat oder eine Quark- oder Joghurtspeise und verbessert damit gleichzeitig seinen Vitamin- und Kalziumhaushalt.

Allerdings, bleiben Sie gelassen, man muss nicht jeden Tag sein Essen pingelig zusammenstellen. Ihr Kantinenchef will seine Gäste in der Adventszeit mal mit Gänsekeule, Rotkohl und Klößen verwöhnen und Sie lieben das? Während einer österreichischen Aktionswoche werden Speisen angeboten, die Sie schon im Skiurlaub so lecker fanden? Sie müssen nicht immer widerstehen, genießen sie es ohne Reue – und treten Sie einfach beim Abendbrot etwas kürzer.

Spazierengehen statt Pudding!

▸ Sparen Sie das Dessert und nutzen Sie die noch verbliebene Pausenzeit für einen kleinen Verdauungsspaziergang. Das macht frisch und verhindert nachmittägliches Abschlaffen am Arbeitsplatz. Vielleicht kommt eine Kollegin mit?

Literaturtipps

… zum Nachlesen

- Deutsche Gesellschaft für Ernährung:
  Richtig essen. Eine Anleitung zur vollwertigen Kost nach den Richtlinien der DGE.
  Frankfurt/Main 1999
- Gniech, Gisela:
  Essen und Psyche. Über Hunger und Sattheit, Genuss und Kultur.
  Springer-Verlag, Berlin 1995
- Hamm, Michael:
  Schlank und gesund ohne Diät.
  Mosaik-Verlag, München 1997
- Helberg, Dörte:
  Die Fit For Fun-Diät.
  Südwest-Verlag, München 1998
- Herrmann, Barbara:
  Schlemmermahl und Schlangenfraß. Auch die Seele braucht Kalorien.
  Rasch und Röhring, Hamburg 1992
- **Kalorien mundgerecht.**
  Umschau Verlag, Heidelberg 1999
- Plattig, Karl-Heinz:
  Spürnasen und Feinschmecker. Die chemischen Sinne des Menschen.
  Springer-Verlag, Berlin 1995
- Pudel, Prof. Dr. Volker:
  Pfundskur 2000. Die Lust auf Leben.
  Trainingsbuch. Fink-Kümmerly + Frey, Ostfildern 1999
- Spiegel special:
  Prost Mahlzeit! Essen, Trinken und Genießen. 4/1996
- Stiftung Warentest: test spezial:
  Schlank & fit. 60 Diäten im Vergleich.
  Stiftung Warentest 1997
- Sabine Petersen/Birgitt Uhlen-Blucha:
  Geschmacksfragen – Nahrung für alle Sinne.
  Ernst Klett Verlag GmbH, Stuttgart 1999

… zum Nachkochen

- Braden, Ewald; Pittelkow, Christina:
  Pfundskur 2000. Die Lust auf Leben. Kochbuch Grundrezepte.
  Fink-Kümmely + Frey, Ostfildern 1999
- Dominé, André:
  Culinaria Naturkost, Band 1 und 2.
  Könemann Verlagsgesellschaft, Köln 1996
- Grießhammer, Rainer; de Witt, Siegfried:
  Der Öko-Koch.
  Rowohlt Taschenbuch-Verlag, Reinbek 1993
- Haar, Gabriele:
  Kochkulturen – Essen wie in fremden Ländern.
  Ernst Klett Verlag GmbH, Stuttgart 1999
- Manthey, Dirk (Hrsg.):
  Die besten Fitness-Cocktails aus der Fit-For-Fun.
  Südwest-Verlag, München 1999
- Manthey, Dirk (Hrsg.):
  Noodles. Neue Rezepte aus der Fitness-Küche.
  Südwest-Verlag. München 1999
- Stiftung Warentest: test spezial:
  Kochen heute.
  1995
- Szwillius, Marlisa u.a.:
  Das große GU Low Fat Buch.
  Gräfe und Unzer, München 1999

Adressen: Wer hilft weiter?

Arbeitsgemeinschaft ökologischer Landbau (AGÖL)
Brandschneise 1
64295 Darmstadt
Tel.: (0 61 55) 20 81
Fax: (0 61 55) 20 83
Internet: www.agoel.de
- Infos über ökologischen Landbau, Vermittlung regionaler Bezugsadressen

AID- Vertrieb (DVG)
Birkenmaarstraße 8
53340 Meckenheim
Tel.: (0 22 25) 92 61 46
Fax: (0 22 25) 94 85 39
Internet: www.aid.de
- warenkundliche Broschüren

Deutsche Gesellschaft für Ernährung e.V. (DGE)
Im Vogelsang 40
60488 Frankfurt/Main
Tel.: (0 69) 97 68 03-0
Fax: (0 69) 97 68 03-99
Internet: www.dge.de
- Broschüren und Infos zur gesunden Ernährung und Diätetik

Deutsche Heilbrunnen
Kennedyallee 28
53175 Bonn
Tel.: (02 28) 9 59 90-19
Fax: (02 28) 37 34 53
Internet: www.heilwasser.de
- Infos über Heilwässer

Frankfurter Zentrum für Essstörungen e.V.
Hansaallee 18
60322 Frankfurt/Main
Tel.: (0 69) 55 01 76
Internet: www.fz-ess-stoerungen.de
- Beratung und Therapie bei Essproblemen, Vermittlung regionaler Adressen

Krankenkassen
- Broschüren zur gesunden Ernährung, teilweise persönliche Ernährungs- und Diätberatung, Kurse, Infos im Internet. Die Ange bote der verschiedenen Krankenkassen sind sehr unterschiedlich.

SLOW FOOD Deutschland e.V.
Geiststraße 81
48151 Münster
Tel.: (02 51) 79 33 66
Internet: www.slowfood.de
- Infos zum genussvollen Essen und Trinken, Adressenvermittlung regionaler Slowfood-Gruppen (Convivien)

Verband Deutscher Mineralbrunnen e.V.
Kennedyallee 28
53175 Bonn
Tel.: (02 28) 95 99 00
Internet: www.mineralwasser.com
- Infos und Broschüren über Mineralwasser

Verbraucherinitiative e.V.
Elsenstraße 106
12435 Berlin
Tel.: (0 30) 5 36 07 33
Fax: (0 30) 53 60 73 45
Internet: www.umwelt/de.initiative verbraucher

Verbraucherzentralen in den Bundesländern
Adressen in regionalen Branchenbüchern
- Infos, Beratung und Broschüren u.a. zur gesunden Ernährung, Ökologie, Lebensmittelrecht, Schadstoffen

Rezeptverzeichnis: Leichtgewichtiges schnell finden